# 教育の方法と技術

松浪健四郎
監修

齋藤　雅英
宇部　弘子
市川優一郎
若尾　良徳
編

中里　竹男
森澤　　清
保髙　　智
三村　　覚
小野　洋平
飯田　諒介
堀　　彩夏
著

樹村房

# はじめに

今日の電子情報技術の急速な発展は，社会に大きな影響を与えており，教育の現場にもさまざまな変革をもたらしている。この高度情報化社会の変革速度は，日進月歩どころではなく秒進分歩という表現を使ったほうがしっくりくるのではないだろうか。そのため，本書に記載されている特にICT関連の記述は，すでに新しいものにアップグレードされている可能性がある。

例えば，2023年12月に公開された2022年の学習到達度調査（PISA：Programme for International Student Assessment）の順位では，経済協力開発機構（OECD：Organisation for Economic Co-operation and Development）加盟国のなかで日本が大幅に躍進するという結果であった。しかも，それぞれのリテラシーで順位を上げただけではなく，「数学の成績」「学校への所属感」「教育の公平性」のすべてで安定か向上が見られた「レジリエントな国」のひとつに選ばれたのだ。これは新型コロナウイルス感染症による休校でも，オンライン授業を充実させたことはもちろんだが，その他にも学校施設の一部開放や学習プリントの配付といった，学校・教育関係者の努力が大きな要因のひとつであろう。

その意味では，教師と児童生徒の情報活用能力を育成することは必須であるが，同時に教師が教育を行うにあたって，その根幹にある価値観や信念を確立させることが大切になるであろう。教師一人ひとりが明確な価値観と信念とを有するとともに，基礎的な教育の方法と教育の技術とを身につけることで，どのような状況であろうとも子どもたちに力を与える存在になることができるのではと考える。もちろん新たな課題も散見されていることから，次世代を担う子どもたちを育てるために家庭や地域，社会全体で課題解決に向けて，力を合わせて協力していくことが求められる。

本書は，前書にあたる『基礎から学ぶ教育の方法と技術』の内容を活かしながら，新たに刊行するものである。特に，2017年に文部科学省が示した「教職課程コアカリキュラム」に準拠する内容であること，そして学習指導要領の改訂で示された「主体的・対話的で深い学び」を実現するために，教師が身につけなければならない内容を含めている。また，執筆にあたっては，教育の現場で実践経験を積まれてきた先生を中心に，若手研究者を加えている。

最後に，本書の編集・刊行にあたって発案時から，株式会社樹村房の安田愛氏には細やかなご支援とご配慮，ご尽力をいただいたことに深く感謝申し上げる。

2023 年 12 月

編著者一同

# 教育の方法と技術

## もくじ

# 特講　情報機器がもたらすこれからの教育

## 1．はじめに

情報機器の発達と普及が，あまりにも急速であるため，私たち高齢者は戸惑いを感じる。文字どおりの日進月歩，驚異的ですらある。幼児がスマホを使ってゲームを楽しむ様態は，私たち高齢者には脅威に映る。そして，世界中が，インターネット上の膨大なデータを学習して文章や画像を作る生成 AI（人工知能）を含むデジタル技術の活用について苦慮している。

学習や指導に好機をもたらすと同時に，教育システムに対して多くの課題がある。対話型 AI サービス「チャット GPT」（ChatGPT）に代表される生成 AI の出現は，教育界を混乱に陥れている。論文や読書や映画等の感想文などが，瞬時に作成されるのだから指導者は判別するのに困る。思考力はもちろんのこと，表現力や資料収集力を育む学習に悪影響を及ぼすのは明白で，文章力が身につかない。

デジタル技術の急速な発達が，既存の教育システムに対する課題が多々あり，指導する側も眼を丸くしながらも，研究を密にしなければならない。デジタル技術は，あくまでも学習の補完のためのものと位置づけ，年齢や発達段階に応じて活用すべきであろう。他方，指導者の情報通信技術（ICT）を活用するための能力向上も大切である。リアルとデジタルを効果的に融合した教育の促進は，国際的にも今日的であり一般的になりつつある。

情報機器がもたらすであろうこれからの教育について，私見を述べさせていただく。が，この記述自体が時代遅れとなる可能性がある。それほど，この分野の発展はめまぐるしい。その意味では，もはや活字文化は情報機器の発達に対応できなくなりつつある。「本が売れない，新聞を買わない」，この嘆き声は，日常のものとなっているが，可能なかぎり活字文化と情報機器の双方がバランスのとれた形で共存する方法も考えねばならない。チャット GPT，生成 AI の衝撃が余りにも大きく，世の中は使用をめぐって混乱中である。その前に筆者の脳の働きは，すでに白旗を上げている。

とはいえ，AI は数多くの情報を入手したが，私たちの言語と文化には有史以来の膨大な歴史と記録が集約されている。AI はそれらを超越しているのだろうか。人間のもつ五感のうち，味覚はデジタル技術では再現できない。また，運動能力の発揮も難しく，AI は万能ではないことも理解しておきたい。そもそも一人の人間性は，誕生した時よりすべて異なった環境下で育ち形成される。一人の人間性についても AI では参考にならないゆえ，情報機器だけを信じてはならないとも思っている。

## 2．ガリ版から AI へ

筆者は，謄写版印刷の時代に育った。先生から配付される資料も，学校新聞も，すべて「ガリ版」と呼称された謄写版印刷であった。やすり板で原紙に鉄筆で文字や絵などを書く際，ガリガリと音がするため「ガリ版」と呼ばれた。この印刷技術こそが，民間の主流で広く普及し定着していた。教科書や本は，明治時代の中頃に開発された凸版（とっぱん）印刷で制作された。わが国には浮世絵に象徴される版画の伝統が古くからあり，印刷に影響を与えた。また，石版印刷，活版印刷の普及もあった。

「ガリ版」は，コピー機が出現するまで，私たちの日常や学校教育の情報を支えてくれた。コピー機の登場は，一種の革命であったといえる。印刷機器こそが，情報を広く伝える貴重な道具となり，コピー機なしには社会や組織は動かない。印刷技術の始まりは，中近東のイスラム教文化である。単調な遊牧生活を営むイスラム教徒たる民族の暮らしに，心の潤いのために書物が必要であった。それゆえ，印刷技術が発達し，その技術がヨーロッパに伝わったとされる。宗教には教典が求められ，その印刷が重要でもあった。

以後，印刷技術の向上はおろか，通信機器とともに情報機器の発達が急速に進展した。インターネットを用いる仕事は当然のものとなり，学校での授業も当然視されるようになった。とりわけ新型コロナウイルスのパンデミックによって，自宅でPC（Personal Computer）による授業が一般的になった。

1968年，アメリカに留学した筆者は，コンピューターの普及に驚く。新聞広告は，「プログラマー募集」で埋めつくされていた。しかし，当時のわが国には，コンピューターという情報機器の存在は知られていても，その物や知識は特殊なものだったが，今日では情報社会が急速に進んだ。ICT（Information and Communication Technology）と表現される情報通信技術が高度化されたと同時に多様化し，学校教育はもちろんのこと，あらゆる分野で使用されるようになった。

公衆電話が消失しつつあるほど，携帯電話の普及はめざましく，世界中に及ぶ。たんなる電話ではなくPCに準ずる機能をもつスマートフォン（Smartphone）が，一人ひとりの必需品となって久しい。利便性に富みながらも，悪用されるケースも多々あり，使用に高い公共心が求められている。この高度な情報ネットワーク社会は，新たな価値観を生み，私たちが情報機器に支配されつつあるかの印象をうける。

そして，AI（人工知能）の活用について議論する間もなく，自由に日本語を操って，質問にまるで人間のように回答する対話型人工知能（AI）のチャットGPTが出現した。各方面で大きな反響を呼び，教育界も混乱気味である。「生成系AI」という大量の文章などを機械学習して，回答できる機能は私たちの想像を超える。学校教育では，このチャットGPTにどう対応すべきが議論されているが，対応指針には温度差が見られる。国や自治体によってもまちまち，国内にあっては各大学もまちまちである。新時代の黒船が眼前にやってきた，十分な研究が求められる。文部科学大臣は，利活用のガイドラインを発表したが，まだまだ流動的であるように思われる。

リニアモーターカーの実験が始まったおり，山梨県に出向いて乗車する機会に恵まれたことがある。わずか15分間の乗車であったが，余りにも速いスピード（時速500キロ）だったので，まったく車窓の景色を覚えていない。なるほど速い，けれども何も見ずに，考えずに目的地に到着した。情報機器の利活用は，観察眼や思考力無視につながるとしたなら，教育上よろしくない。問題を出したとたん，答えが出るのはリニアに乗車しているのと同じと筆者は思ってならない。

## 3．AI 適切活用の原則

2023 年 4 月，先進 7 カ国（G7）のデジタル・技術担当大臣会合が，群馬県高崎市で行われた。AI など新しい技術の適切な活用に向けたルール整備を，国際的に行う必要があるための会議であった。チャット GPT などの生成 AI が急速に世界中を席捲し，その活用が各国でバラバラ，規制もバラバラであるため共通認識が焦眉の急となっていた。わが国にもルールは存在せず，技術とその普及に法律がついて行けない状況下にある。

だが，プライバシーや著作権の侵害，情報漏洩（ろうえい）のリスクなどは世界共通である。対話型サービスのチャット GPT の利活用については，チャンスとリスクが表裏一体となっているため，適切なルールが各国ともに必要となっている。規制が技術革新に追いつかない現在，技術の乱用が現実のものとなる。

わが国の中央教育審議会（中教審）でも，教育界にあってチャット GPT の扱いについて議論されている。生成 AI は，インターネット上の膨大なデータを学習する。利用者の質問や指示を受けて，自然な表現の回答や画像を作ってくれる。それゆえ，学校にあっては生徒や学生の思考力を低下させ，感性を鈍くする心配があり，能力向上には役立たないとされる。が，他方，企業の生産性を高める一面もあり，期待もされるが，偽情報の拡散や著作権の侵害，利用者の個人情報流出も考えられる。弊害というリスクも大きいため，利活用には慎重でなければならないといえる。文部科学省は「限定利用」をガイドライン（指針）にしているが，学校現場の混乱の危険性もあろうか。

G7 デジタル・技術大臣会合の共同声明を読むと，とくに偽情報対策を重視していた。振興技術を推進させながらも，オンラインの偽情報に対処する実例集を公表するとある。また，責任ある AI として，民主主義を損ない，表現の自由を抑圧し，人権を脅かすようなAIの誤用・乱用に反対するとも書く。そして，信頼性のある自由なデータ流通（DFFT）の枠組みづくりの重要性を説いている。

知的財産や個人情報の保護は重要であるが，他方，規制が厳しすぎると技術開発の妨げにもなろうか。いずれにせよ，G7デジタル大臣会合では，5原則で合意した。まず①として，法の支配，②人権尊重，③適正な手続き，④民主主義，⑤技術革新の機会活用，である。AIや次世代半導体など新しい技術のルール整備が必要であるため，5原則が重要である。急速な技術革新，毎日のように進歩しているゆえ，規制が追いつかない。それゆえ，技術の乱用を避けるうえで5原則が大切といえる。

ただ，G7の会合では，AIが権威主義国家が，国民の動向監視に使わないかと懸念する声もあった。G7以外の国々が，5原則をどうするか，先進国の指導と協力が必要である。会合は，責任あるAIの推進を盛り込んだ共同声明をまとめて終幕した。どの国も国内での規制すらできていないため，5原則で合意するしかなかったが，技術革新の先が見えないかぎり，大枠の規制でしかできなかった。教育機関での利活用についても議論されず，どの国も原則のアウトラインの確認で終始するしかなかった。

## 4．論文や作文を書く

旅行をして紀行文を書くとすれば，旅程，天気，宿泊先，食事，乗物，服装，土産品等について記述する。実際，旅行をしなければ書けないが，部分的にはチャットGPTの世話になることができる。だが，資料的部分ならともかく，多くを利用しようとすれば，嘘を書くことになる。微妙な表現は，旅をした本人でしかできないのに，チャットGPTを用いれば，体裁を整えることができたとしても，それは「作品」にはならない。

文章を書く，それは第三者が読むということである。魅力的な文章とは，筆者の表現力や思考力，想像力がいかにちりばめられているかにある。つまり，個性的な発想が重視される。知識も経験もあって，その活写がみごとであれば，読者を惹きつける。情報機器にすがっては，自分らしい文章は書けないと断言できる。筆者の深い心のこもっていない文章なんて，だれも読んでくれないと思われる。

研究者でなくとも，大学の卒業論文をはじめ各種の論文を書かねばならない時がある。テーマを決めて章立てをする。その人の研究の結果と創造力をまとめ，私見を入れて書くのが論文だが，同様のテーマで先に書かれ発表されていないかを調べねばならない。先行論文がある場合，より慎重でなければならず，より詳細に書く必要があろうか。多くの資料や文献を用いて記述をすることになるが，その出典をきちんと明記することがルールである。チャットGPTを用いたとしても，出典が明確でないと論文の信憑性が問われる。もし，GPTの記述が間違っていて，フェイク（偽物）であれば，それを拡散させることとなる。GPTの問題点は，文章の中の信頼性であり，出典が明確でない記述は危険性をはらむ。また，無断転載の可能性もあろうか。

論文の重要な点は，オリジナリティー（独創性）があるかどうかだ。筆者の創造力と研究力によって記述された新鮮な知見を含む論文は，高い評価を得るにとどまらず，逆にGPTに使用されるかもしれない。高度な文章となろう論文は，一字一句，論者が記述し，文献を引用する際は出典を正確に羅列せねばならない。心配されるのは，学生たちが記す論文である。テーマを定め，最後の結語（まとめ）まで記述するには，相当な勉強，研究が求められる。不思議に感じたこと，疑問をもったことに対して，「なぜ」という問いかけから研究が始まる。教員や指導者からのアドバイスや指導は不可欠であろう。

図表や画像に関しても，AIは多種多様なものを提供してくれる。統計や映像，あらゆるものを入手することができる。しかし，これらを安易に用いることをせず，参考にとどめて出典先に当たるべきである。文章を書く際，論文やエッセイであろうとも，盗作は許されない。つまり，自らの思考と行動によって，時間をかけて重厚な文章を己の独特の思考に基づいて書く必要がある。情報機器にたよると，足をすくわれる危険性があることを心すべきである。

## 5．情報機器の限界

官僚や自治体の役人の講演会に出席して幻滅を感じるのは，スライド使用が多いからである。さまざまな図や統計は説明を補完するうえで重要だが，話に無駄がなくなる反面，脱線がなく興味の幅を広げない。つまり，正確ではあるが，おもしろくない講演となる。人の話を聴くという行為は，その人の人間性，人間味を堪能したいという欲望である。スライド使用は，どうしても無味乾燥な話に終始する場合が多い。感動を与えるには，己の言葉で己の考えをまじえて話すべきで，スライドにたよる講演や授業は資料だけにとどめてほしい。学校という教育の場であろうとも，授業の基本は対面であり，スライド等の機器使用は限定的であるべきであろう。

教育の原点は，「人づくり」である。ならば，児童・生徒・学生たちの心をいかにして耕すかが問われる。教師の使命は重く，機器をたよりに授業運営をするのは好ましくないと筆者は考える。機器の使用にしても準備に時間がかかる。プリント配付にしても作成に時間を食う。授業運営には十分な準備が求められようが，単調なリズムに陥らないためには，機器の利用を折込むなり工夫せねばならない。動画の使用も効果的であるにつけ，授業が動画たよりの一本調子にならないよう努める。タブレットを全員が所持しているとはいえ，授業内容を整理する意味でもノートの活用を常々，指導して書きグセをつけさせたい。書くという行為は，考えることである。思考力の強化には，機器使用はそれほどの効果を発揮しない。ただ，授業の運営上，上手に利用すべきであろう。

筆者が子どもであった時代，知的な一家には「世界百科事典」なる高価な本が本棚を占領していた。「広辞苑」に代表される重厚な国語辞典類も本棚を埋め，あらゆる知識と情報は本棚から獲得するのが一般的であった。この傾向は日本だけに限らず，欧米の知的な一家でも同様同態だった。紙の良質さと印刷技術の開発が先進国の目玉となり，紙幣の印刷技術こそが大切であった。インクの改良と紙質の進歩度を競う「活字文化」の時代は250年ほど続いたが，情報通信技術に駆逐されることとなった。人類の文化史の視点からすれば，革命と言っていいにちがいない。蒸気機関の動力で社会が変わったように，AIの出現と進歩は社会を変える。

人間の頭脳を情報機器が代行するとなると，その人のもつ感性，創造力，体験が希薄なものとなり，無機質で人間くささを感じないおもしろいものとはならないと想像する。つまり，その傾向が続くと人はマンネリ化に堪えられなくなり，新鮮味を求めるようになる。それは個性であり，情報機器では現在のところそれを作り出すのは困難だと思う。情報機器にも限界があり，個性を超越することはできないと筆者は考える。私たちは，情報機器に何を求めるのか。もし，機器まかせであるとしたなら，私たちは人間放棄に繋がる心配をせねばならない。

## 6．創造力と感性

筆者は，あまり写真好きでない。写真を撮るために旅行するのか，カメラを持ち歩く人は多いにくわえ，携帯電話で撮影する人も多い。しっかり自分の眼に旅先の光景を焼きつける，これが筆者の方法であり流儀である。あまりメモもとらない。それでも随分と紀行文やエッセイを著してきた。光景を観て感じたことをきちんと記憶しておけば，作文には困らない。ただ写すだけ，観るだけでは文章を書くのに困る。何を考えるか，それを忘れてはならない。そこで，チャットGPTのお世話になる。感情は大切である。景色を観ただけでも，私たちの脳は今までの多く観た景色と比較して表現すべき語彙を教えてくれる。情報機器にそれを求めるのは困難である。

政治家が大衆の前で演説をする際，眼前の人々の状態や気候に触れずして語り出すのでは聴衆を惹きつけることができない。だから，政治家たちは原稿を準備せず，その場の雰囲気で語らねばならない。AIの利活用は万能ではなく，AIは空気を読めないのだ。個性的で感性の鋭い政治家，芸術家は資料として情報機器を利活用したとしても，己の思想や哲学を曲げることはせず，参考にとどめるにちがいない。

創造力や思考力は，きわめて個性的である。強烈な個性を誇る人たちは，情報機器とは無縁であるかもしれないが，機器をしのぐ才能を保持していると考えてもよい。教育関係者の心配するのは，AI の活用によって思考力が涵養できないと同時に創造力をたくましくできない点である。美学や博物学を学ぶ者は，AI から情報を入手できても，本物を実際に手にして鑑賞しないことには自分なりの意見を発することはできない。もし，AI によって行動力を制止したり，弱めるようなことがあれば，利活用の方法がまちがっている。

個性には，両親の血脈から育った環境，接した人々，受けた教育など，その人独自の特色が詰まっている。オリジナリティに富む個性は，AI に支配されることがないといえども，自らが自らの個性を十分に認識する必要がある。ボランティア精神や小さな親切心は，その人のもつ人間力である。個性や人間力，表現力，思考力など，その人の特徴を数量化することはできない。ましてや，決めつけることもできない。そこに一人ひとりの人間のおもしろさがある。魅力的な個性づくり，人々を惹きつける人間力，AI の利活用によってそれらを向上させることができるのか，今後のテーマであると思われる。

## 7．まとめ

時代はデジタル革命によって大変化を遂げつつある。一時的にはマイナンバーカードのように混乱をきたすだろうが，まちがいなく便利な社会となろうか。それに平行して毎日のごとく進歩する情報通信機器と，私たちは葛藤せねばならない状況の中で生きている。昭和時代に義務教育を受け，高等教育機関に身を置いた者からすれば，別世界に放り込まれたような気がしてならない。しかしながら，人間のもつ心は，社会にどんな変革が起ころうとも，多少の動揺はあっても不変である。

情報機器が学校教育の場で，どんな影響を与えるか予測できないにつけ，常にリスクについて指導しておかねばならない。チャット GPT の使用をめぐって，今後，想定外の裁判も起こり得る。便利だからといって，情報機器を多用するうちに私たちの感性がマヒしてしまうことを怖れる。リスクを十分に確認して，利活用のあるべき方向を明確に教えておく必要がある。

医療，介護，行政，金融，製造などの多分野での活用が期待されるにくわえ，AI の研究開発がさらに促進されるため，この種の知識が大切である。AI は利用するが，たよらない。基本的な考えで機器に接してほしい。私たち人間の感性や創造力は，知識が及ばなくとも優秀であること，貴重であることを忘れてはならない。そのためには，自信を持つことである。情報機器に支配されるような思考力だけでは，悲しいの一言につきる。

# 第1章 「教育の方法と技術」について

これから学ぶ「教育の方法と技術」とはどのようなものであろうか。この章では，「教育の方法と技術」という科目について，どのような目的で学び，その内容はどのようなものであり，どのようなことを身につけることが望まれるのかを概観する。特に，本章の内容は第2章以降の各章で学ぶことになるのだが，最初にこの科目を学ぶ意味について把握してほしい。

## 1．「教育の方法と技術」とは

### （1）教育における方法と技術

方法ということばには，目的を達成するための手段やそれを遂げるためのやり方，哲学では真理に達するための考えの進め方といった意味がある。方法の英語表現にはいろいろあるが，この科目の場合にはメソッド（method）が用いられることが多い。メソッドは，○○メソッドというように一定の方法が確立されている場合に用いられる。つまり，すでに確立されている教育の方法について学ぶことになる。

一方で，技術は物事を巧みに処理する際の方法や手段，その技巧のことで，科学の領域では成果を応用して私たちの生活に利用するわざといった意味になる。英語表現ではテクニック（technique）が多く用いられるが，近年の高度情報化に伴い教育においてはテクノロジー（technology）のニュアンスが強くなってきているように感じる。

この方法と技術の関係について小室ら（2019）によれば，技術は「誰もがで

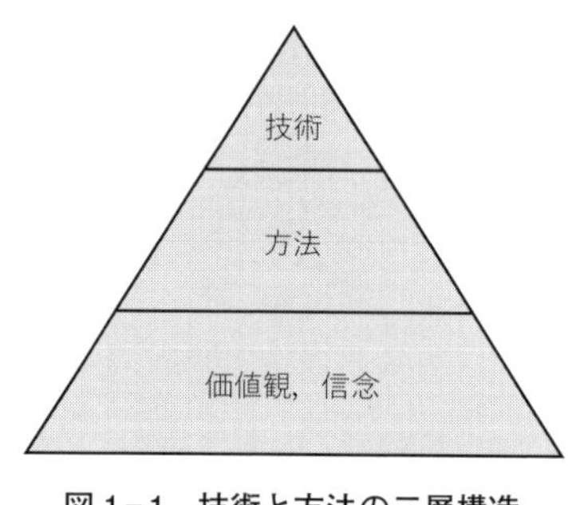


**図 1−1　技術と方法の三層構造**
（小室・齋藤，2019）

きるマニュアルといったニュアンスと，その人の能力としての意味と，マニュアルには収まりきらない人間関係における機微や妙といったものを扱うやり方」であり，方法は技術より抽象度の高い「もう少し大きな方向性」と説明している。さらに，技術は授業の進め方で，方法はその技術の使用に関する判断であるとしている。このことは，「その方法（論）を採用すると判断する教師の価値観や教育観，人間観がある」とし，図 1−1 のような三層構造から「教育の方法と技術」は成立していると述べている。

この図は，技術はどのような方針や方向性をもって用いるかの判断が大切であり，方法は教師の価値観や信念によって成り立っていることを示している。見方を変えると，とても巧みな教育の技術を用いたとしても，それが児童生徒に何を学んでほしいか，何を身につけてほしいかといった方向性が不明確である場合，想定している効果が期待できないであろう。また，学びの方向性は価値観や信念に基づいていることから，教師は自身の教育観について把握するとともに日々研鑽を積み重ねていくことが必要である。それは，高度情報化だけではなく，いじめや不登校など多くの課題に直面している子どもたちの生きる力を育むために，教育のあり方を考え続けなければならないからである。

### （2）「教育の方法と技術」の定義

「教育の方法と技術」を学ぶにあたっては，まず教育方法について知る必要があろう。教育方法（teaching method）は，教職課程研究会（2018）によると「各学校が，学校教育の目的や目標を達成させるために，教育内容として各教科や道徳，特別活動，「総合的な学習（探求）の時間」に何を学ばせるべきかを決めた上で，その内容をどのように教え，学ばせ，身につかせるかという方法と技術である」と説明されている。このことから，教育方法を広義に捉えると教科指導だけではなく，生徒指導や進路指導なども含めた学校教育全体に関わってくるものであることがわかる。

さらに，情報化社会の進展や新型コロナウイルスの影響で，学校教育においてはICTを活用した教育の推進が必要となっている。このため，教員にはICTを活用した授業の改善など，実践的な力を備えていることが求められている。上述の教育方法の定義に照らし合わせて考えるならば，方法と技術には教員のICT活用能力が含まれることになる。

まとめるならば，以下の3点を習得することで教育方法に関する基礎的知識を得ることを目指す教職科目であることがわかる。

① 教科指導や生徒指導など，学校教育に関わる指導の原理と方法に関する基礎的な知識
② 授業づくりや学習指導案の作成方法
③ 授業でのICT活用方法

### （3）教育方法の位置づけ

教育方法は教育研究のなかでどのような位置にあるのだろうか。例えば，「心理教育」という分野がある。これは，心に関する知識を学び，心の問題を予防するためのスキルを身につける教育である。精神疾患などの課題を有する人たちに，その正しい知識や情報を提供し，疾患への対処方法を学ぶことで健康的な生活を営めるようにする技法である。一方で，「教育心理学」は心理学の分野から教育活動におけるさまざまな現象を理解することである。

この考えから教育方法を解釈すると，「様々な学問の成果を応用して複合的なアプローチを取り，対象の解釈（Descriptive）や解決したい目的の処方（Prescriptive）をしていこうとする領域」といえる（小柳他，2012）。図1−2は教育研究・活動における教育方法の位置を示したものである。周りにさまざまな学問が位置づいており，その成果を教育活動に応用するものであることが矢印で示されている。そして，教育活動は学校教育に限らず，社会教育や専門・職業教育をも包含していることが図から読み取れる。

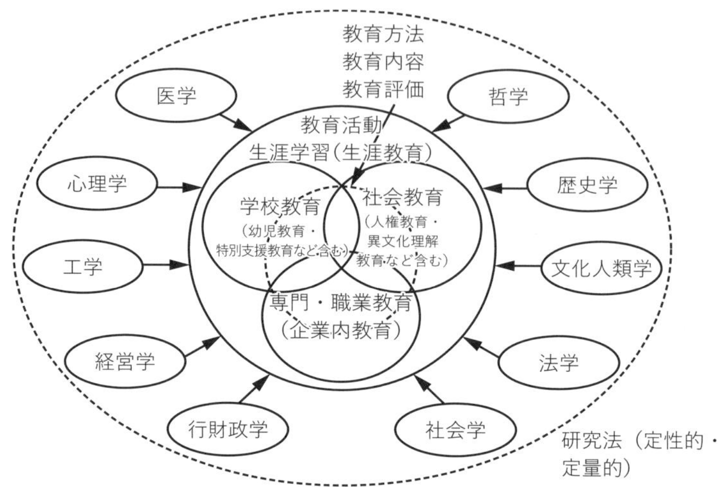


**図 1－2　教育研究・活動における教育方法の位置**（小柳他，2012）

## 2．「教育の方法と技術」で何を学ぶのか

### （1）教育方法の見直し

文部科学省（2020）は，学校施設の在り方に関する調査研究協力者会議の資料のなかで，教育方法の変化について，①学習指導要領の改訂，②高校改革（特色を活かした学校づくり），③特別な配慮が必要な生徒等への対応，の 3 点から述べている。ここでは①の学習指導要領の改訂について解説する。

**学習指導要領の改訂**

学習指導要領の改訂に関しては，以下の 2 点が記されている（文部科学省，2020 を一部改変）。

① Society5.0[1] では，感性を働かせ，目的を考え出し，目的に応じた創造的な問題解決を行うことができる「人間の強み」が重要となる。新しい学習指導要領では，学校教育のよさをさらに進化させることを目指す。

② よりよい学校教育を通じてよりよい社会を創るという目標を学校と社会が共有する。それには「社会に開かれた教育課程」が求められており，この実現には「何を学ぶか」だけでなく「何ができるようになるか」そのために「どのように学ぶか」までを見通すことが必要である。

改訂の方針を受けて，小学校では2020（令和2）年度に2018（平成30）年度からの移行期を経て完全実施され，中学校は2021（令和3）年度，高等学校は2022（令和4）年度から年次進行で実施された学習指導要領が現在のものである。篠原ら（2018）によると，この学習指導要領では，「知識・技能の習得と思考力，表現力等の育成バランスを重視する」ことの枠組みや教育内容を維持したうえで，「知識の理解の質をさらに高め，確かな学力を育成することが求められている」と述べている。その実現のためには，単一の教科では困難なためカリキュラム・マネジメントを確立し，教科を横断して学ぶことができるようにすることが必要となっている。文部科学省（2020）は，カリキュラム・マネジメントの3つの側面を以下のとおり示している。

① 各教科等の教育内容を相互の関係で捉え，学校の教育目標を踏まえた教科横断的な視点で，その目標の達成に必要な教育の内容を組織的に配列していく。
② 教育内容の質の向上に向けて，子供たちの姿や地域の現状等に関する調査や各種データ等に基づき，教育課程を編成し，実施し，評価して改善を図る一連のPDCAサイクルを確立する。
③ 教育内容と，教育活動に必要な人的・物的資源等を，地域等の外部の資源も含めて活用しながら効果的に組み合わせる。

さらに，篠原ら（2018）は資質・能力を育成する教育方法として，子どもたちのなかには，難しい課題に興味を抱いて主体的に取り組む児童生徒もいるが，一般的にはわからない授業によって興味や関心をなくしてしまう場合が多いとしたうえで，「こういった児童生徒までも主体的に学習する方向に誘導することが，教員に求められる能力であり教育方法・技術である」と述べている。そして，学習指導要領で重視されている「深い学び」を実現されるためには「できる」と「わかる」のスパイラルを形成し，記憶するだけではなく知識を応用する力を育てることが大切であるとしている。

一方で，この学習指導要領の改訂では具体的な学び方として，「主体的・対話的で深い学び」が示されたことから，小室ら（2019）は「戦後最大の教育改革といわれ，2つの大きな転換」をもたらしたと述べている。それは，「教えることから学ぶこと」と「個人から協働へ」の2つである。この転換により，教師はこれまでの知識伝達型の教育ではなく，いわゆるアクティブ・ラーニングを導入することが求められることとなった。そのため，教師は児童生徒に対してファシリテーターという新しい役割を担うとしている。ファシリテーターは，進行役，まとめ役といった意味で，授業などで出た意見をまとめ，授業がうまく運ぶように整理する人である。教師はクラスや集団が協力して目的を理解し，達成するために支援する役割となるため，これまでの教育観の転換が求められているのである。

### （2）教員養成における「教育の方法と技術」について

ここまで「教育の方法と技術」とは何かについて，定義やその位置づけ，学習指導要領の改訂などから解説してきた。それでは，どのような内容を学ぶのであろうか。教育職員免許状を取得するためには，教職課程のある大学等で必要な単位を取得して卒業し，各都道府県教育委員会に免許状を申請しなければならない。その必要な単位のなかに「教育の方法と技術」の科目が含まれている。つまり，教育職員免許法及び同施行規則で「教育の方法と技術」では何を学ばなければならないかが示されているのである。特定の人材養成を目的とした教育課程を編成する場合に，必ず含まなければならない授業科目が示されており，特に教職課程では2017(平成29)年度より文部科学省が教職課程コアカリキュラムを設定している。そして，2019(平成31)年4月から新たな教職課程を始めることとした。これについて，文部科学省は，「教員養成に関する近年の政策動向について」(2021) で，学校を取り巻く状況の変化などへの対応が求められていることから，特別支援教育の充実とICTを活用した指導法等

**表１−１ 教育の方法及び技術（情報機器及び教材の活用を含む）のコアカリキュラム**
（文部科学省，2021）

全体目標： 教育の方法及び技術（情報機器及び教材の活用を含む。）では，これからの社会を担う子供たちに求められる資質・能力を育成するために必要な，教育の方法，教育の技術，情報機器及び教材の活用に関する基礎的な知識・技能を身に付ける。

（１）教育の方法論

一般目標： これからの社会を担う子供たちに求められる資質・能力を育成するために必要な教育の方法を理解する。

到達目標：

1）教育方法の基礎的理論と実践を理解している。
2）これからの社会を担う子供たちに求められる資質・能力を育成するための教育方法の在り方（主体的・対話的で深い学びの実現など）を理解している。
3）学級・児童及び生徒・教員・教室・教材など授業・保育を構成する基礎的な要件を理解している。
4）学習評価の基礎的な考え方を理解している。
※幼稚園教論は「育みたい資質・能力と幼児理解に基づいた評価の基礎的な考え方を理解している。」

（２）教育の技術

一般目標： 教育の目的に適した指導技術を理解し，身に付ける。

到達目標：
1）話法・板書など，授業・保育を行う上での基礎的な技術を身に付けている。
2）基礎的な学習指導理論を踏まえて，目標・内容，教材・教具，授業・保育展開，学習形態，評価規準等の視点を含めた学習指導案を作成することができる。

（３）情報機器及び教材の活用

一般目標： 情報機器を活用した効果的な授業や情報活用能力の育成を視野に入れた適切な教材の作成・活用に関する基礎的な能力を身に付ける。

到達目標：

1）子供たちの興味・関心を高めたり課題を明確につかませたり学習内容を的確にまとめさせたりするために，情報機器を活用して効果的に教材等を作成・提示することができる。話法・板書など，授業・保育を行う上での基礎的な技術を身に付けている。
※幼稚園教論は「子供たちの興味・関心を高めたり学習内容をふりかえったりするために，幼児の体験との関連を考慮しながら情報機器を活用して効果的に教材等を作成・提示することができる。」
2）子供たちの情報活用能力（情報モラルを含む）を育成するための指導法を理解している。

の内容を新たに取り入れたと記述している。

それでは，具体的にコアカリキュラムにはどのように記載されているか確認しよう。「教育職員免許法施行規則等の一部を改正する省令の施行等について」（通知）（文部科学省，2021）には，表 1-1 のとおり示されている。

表からわかるとおり，科目のコアカリキュラムには全体目標，一般目標，到達目標が記されており，学ぶものが科目の目標や内容を修得できるよう求めている。情報機器および教材の活用を含んだ「教育の方法と技術」では，次世代を担う子どもたちに必要となる資質・能力を育成するための，教育の方法，教育の技術，情報機器および教材活用に関する基礎的知識と技能を身につけることを全体目標としている。「教職課程における教師の ICT 活用指導力充実に向けた取組について」（抜粋）（文部科学省，2020）には，教職課程を有する大学等の役割を以下のとおり示している。

① 教師の ICT 活用指導力として必要となる資質・能力

教師と児童生徒が ICT を適切に活用できるようにする。また，校務の情報化を含めた基本的な資質・能力をチェックリストで確認する。

② 教師向け研修資料を活用した実践的な学修

学校・教育委員会が作成した「教育の情報化に関する手引」や動画コンテンツ等を講義に活用し，教師の実践的な ICT 活用指導力を育成する。表 1-2 に大学の授業をより実践的にするための方策を掲げたので，ぜひ活用してほしい。

③ 主体的・対話的で深い学びの実現に向けた授業改善

情報活用能力の育成と発揮が，主体的・対話的で深い学びへとつながる。その他の教職関連科目でも，教師の ICT 活用指導力に関する内容を取り扱う。

### （3）コアカリキュラムとテキストの構成

すでに述べたとおり「教育の方法と技術」は，教育職員免許状を取得するための講義科目であるため，内容はコアカリキュラムに準じて構成されている。コアカリキュラムとテキストの章は一対一対応ではなく，複数にまたがってい

**表1−2 教育の情報化に関する手引の目次**（文部科学省，2020を一部改変）

| 学生が，より実践的に，また確実に教師のICT活用指導力を身に付けることができるよう，各大学において，学校・教育委員会の具体的な取組の参考となるよう作成された「教育の情報化に関する手引」や動画コンテンツ等を，「情報機器の活用に関する理論及び方法」（仮称）や「各教科の指導法」などに活用。 |
|---|

◆取組の参考となる各種参考資料等

| | |
|---|---|
| ○「教育の情報化に関する手引」<br>新学習指導要領の下で教育の情報化が一層進展するよう，教師による指導をはじめ，学校・教育委員会が具体的な取組を行う際に参考となるよう，文部科学省ホームページに掲載。各学校段階・教科等におけるICTを活用した指導の具体例等を掲載。 |  |
| ○「各教科等の指導におけるICTの効果的な活用に関する解説動画」<br>学校での実践事例に基づき，「主体的・対話的で深い学び」の視点から授業改善を行うに当たって参考となるよう，各教科等の指導におけるICTの効果的な活用に当たって参考となる解説動画を文部科学省ホームページに掲載。 |  |
| ○「各教科等の指導におけるICTの効果的な活用に関する参考資料」<br>学校での実践事例に基づき，「主体的・対話的で深い学び」の実現に向けた授業改善を行うに当たって参考となるよう，各教科等の指導におけるICTの効果的な活用についての参考資料を文部科学省ホームページに掲載。 |  |
| ○オンライン講座「校内研修シリーズ」<br>学校内で実施する校内研修で活用できるよう，講義動画などの研修教材について，独立行政法人教職員支援機構のホームページに掲載。<br>（令和2年11月現在ICT関連の動画：No.37 学校教育の情報化，No.76 学校におけるICTを活用した学習場面，No.78 病弱教育におけるICT活用，No.82 情報社会に主体的に参画する態度を育む指導，No.83 児童生徒の協働的な学びにおけるICT活用） |  |

ることに留意してほしい。

前述した全体目標を達成するために，まず特講で「情報機器がもたらすこれからの教育」を掲げている。目まぐるしく進歩する情報化に対して，これからの教育はどうあるべきかを私たちは考えなければならないだろう。

教育の方法論では，表1−1にある4つの到達目標が掲げられ，それぞれを理解することが求められている。本書では，第7章「学習指導の概要」で教育方法の基礎的理論と実践の理解を学ぶ。主体的・対話的で深い学びの実現を第4

章「主体的・対話的な学習過程」で，授業等を構成する基礎的な要件は，第2章「教師に求められる授業力」と第8章「学習と学習指導」が主たる該当箇所となる。教育の方法論の最後の到達目標である学習評価関連は，第6章「学習評価」と第9章「学びが見える評価方法と学習履歴データの活用」で取り扱う。

教育の技術では，3つの到達目標が示されている。目的に適した指導技術の理解と修得，授業等を行ううえでの基礎的な技術の修得については，第3章「現代社会が抱える教育課題」と第5章「授業づくり」で学ぶ。学習指導案作成は，さまざまな要件や視点を取り入れて作成する必要があるため，最後の第15章「学習指導案の作成」で学ぶこととした。

情報機器及び教材の活用については，第10章から第14章に情報関連の内容をまとめた。

### （4）学ぶにあたって

これから「教育の方法と技術」について学んでいくが，ぜひ教えることを楽しんでほしいと願っている。担当する児童生徒の特長を把握すること，何をどのように教えるか深く考えること，その児童生徒にはどのような方法や技術が合っているだろうかと考えること，教材研究や資料づくりなどの準備すること，などのすべてを楽しみながら取り組んでほしいのである。前田（2017）は，教師自身が楽しむことの大切さについて，「先生が楽しんでいるとか，そういった感情の部分というのが子どもたちにすごくいい影響を与え」，「自らを成長させることで，子どもたちを勇気づけ，希望や努力をもたらすことができる存在」となり，「未来を生きる子どもたちを成長させ，自分自身も成長していくという，教師って本当にすばらしい仕事だと思わないかい？」と記している。

さまざまな理由で教育職員免許状の取得を目指していると思うが，教える側が心から楽しんでいる姿を児童生徒に見せることが，いかに大きな影響を与えるか，それがとても大切であるということを認識してほしい。

## ■注

1：Society5.0とは，「サイバー空間（仮想空間）とフィジカル空間（現実空間）を高度に融合させたシステムにより，経済発展と社会的課題の解決を両立する，人間中心の社会（Society）」であるとし（内閣府），狩猟社会（Society 1.0），農耕社会（Society 2.0），工業社会（Society 3.0），情報社会（Society 4.0）に続く目指すべき新たな姿として提唱されたものである。

## ■引用・参考文献


国立教育政策研究所（2023）OECD生徒の学習到達度調査PISA2022のポイント

小室弘毅・齋藤智哉（編）（2019）ワークで学ぶ教育の方法と技術　ナカニシヤ出版

小柳和喜雄・小野賢太郎・平井尊士・宮本浩治（編著）（2012）教師を目指す人のための教育方法・技術論　学芸図書

教職課程研究会（編）（2018）教職必修教育の方法と技術　改訂版　実教出版

前田康裕（2017）「子どもを知るということ」学校教育の現場から　教師学研究20（2），101－133.（「教える」の本質とは何か ～「教える」を見直す1～日本教師学学会第18回大会シンポジウム記録）

文部科学省（2020）学校施設の在り方に関する調査研究協力者会議第8回・高等学校施設部会第1回資料

文部科学省（2021）教育職員免許法施行規則等の一部を改正する省令の施行等について（通知）（文科教第438号令和3年8月4日）

文部科学省（2021）教員養成に関する近年の政策動向について（令和3年1月14日第129回初中分科会・第19回特別部会合同会議資料5）

内閣府　Society 5.0とは　https://www8.cao.go.jp/cstp/society5_0/（最終閲覧2023－12－25）

篠原正典・荒木寿友（編著）（2018）教育の方法と技術　ミネルヴァ書房

# 第2章　教師に求められる授業力

## 1．授業力について

### （1）授業について

授業の根幹には，教師と子どもの間の人間関係が不可欠である。教師は何よりも，子どもの心をつかむ必要がある。そのために，教師には人間的な魅力と迫力が求められる。親しみやすい人柄，毅然とした態度，りんとした声の張り，相手の心に届く言葉が重要である。

授業においては，教師と子どもが「打てば響く」ような学級にしなくてはならない。そのために，「互いに支え合う」「積極的な姿勢を持つ」「規律のある」学級で授業を行うことが大切である。

### （2）よい授業とは

よい授業は，児童生徒が「わかった！」「できた！」という達成感を得られる授業である。児童生徒は，「学ぶ内容が面白い」「学ぶ活動が面白い」と感じ，「学んだことを活かせる喜び」を求めている。このような児童生徒の思いを叶えることが教師の役目である。

そのためには，児童生徒の知的好奇心を喚起し，学んだことを活かせるような授業展開を図る必要がある。

また，児童生徒の生活年齢・発達段階・学習経験・理解力などさまざまな要素を踏まえたうえで，よい授業のあり方を研究する必要がある。

### (3) よい授業で求められる条件

#### a．指導のねらいがはっきりしている

授業を行ううえで，「何のために教えるのか」「どんな力をつけさせたいのか」ということを明確にしておくことが大切である。そこで，「つけさせた力は何か」という指導目標を設定して，どんな教材を使いどのような内容を指導していくかを計画する。

#### b．学習課題が児童生徒のものになっている

児童生徒一人ひとりの考えを大切にし，単元（題材）の目標に迫るため児童生徒の実態にあった適切な学習課題を（具体的な事例で）提示することが必要である。

#### c．学習内容や活動の見通しをもたせる

児童生徒一人ひとりの問題意識を掘り起こし，学習の流れが明確でわかりやすく，児童生徒の意識に沿った学習活動や学習内容が無理なく計画されていることが大切である。

#### d．児童生徒への支援が適切である

児童生徒が「わかった！」「できた！」という達成感を味わわせるため，関心・意欲を高めるほか，思考させたり表現させたりする際には，個々の理解度や学習進度を考慮した支援が必要である。

#### e．児童生徒の学ぶ意欲を高めている

児童生徒に知識・技能を身につけさせ，自ら課題を見つけ，自分の考えをもって，課題を解決していくための力をつけていかなければならない。例えば児童生徒からいろいろな意見を引き出し，話し合いなどをうまく活用することで学ぶ意欲を高めることができる。

#### f．学習評価が適切である

教師は，児童生徒一人ひとりの進歩状況などを適切に評価することで，その後の学習を支援するうえで，有効に役立てることができる。

## 2．授業の工夫

### (1) 学習規律

学習規律は，集団のなかで自然に確立されていくものではない。教師の意図的・計画的な指導によって身についていくものである。また，児童生徒の守るべき学習規律は，教師が守るべき指導の規律でもある。

学習効果が上がる環境（学習規律のある）とは，授業開始時にその学習の準備ができているということである。

① 教科書やノートを準備して授業に臨む。

② 定められた体育の服装で授業開始に遅れないように集合できる。

③ 忘れ物がなく，教師の言葉がしっかりと行き届くような態度がとれる。

学習規律を整える指導や取り組みは，日頃からの実践が大切であり，毎時間の指導の積み重ねからつくりあげられていく。これは，学校内の教師間の共通理解や全教師による共通実践が欠かせない。

### (2) 教師による声かけ

教師は1時間の授業の中で，さまざまな活動を行う。出席点呼から始まり，導入—展開（指導，支援活動）—まとめ（学習内容の確認）まで，一時も休むことなく児童生徒とかかわりをもつ。

指導支援中の教師の言動は，学習効果に大きな影響をもたらす。制止や禁止を促す言葉が多い授業では，児童生徒は教師の目の色をうかがい，動きも小さくなる。

一方，児童生徒の動きや活動を受け入れる姿勢の言葉が多い授業では，拍手や歓声が上がり，よい雰囲気で授業が進められる。声かけのタイミングや褒め言葉のもつ役割を理解しておくことは重要である。

### (3) 発問

教師の活動のなかで注目したいのは，授業中に教師が行う意図的な発問である。これは，授業構成の核となる非常に重要な指導技術である。十分な教材研究や板書計画に合わせてクラス（集団）の実態に応じた発問を考えることが，児童生徒により深い思考を促し，自分なりの考えをつくりだす手立てとなる。

#### a. 発問によって思考力を育てる

実際の授業において，教師の一方的な説明や指示が多くなりすぎると，児童生徒が考える場面がなくなる。そのため，児童生徒の思考に合わせた発問を投げかけることが大切である。児童生徒自身が学習課題について考えたり，他者の考えと自分の考えを比べてみたりするなど，学習場面に応じた発問を展開しながら児童生徒の考える力を育てていくことが大切である。

#### b.「閉じた発問」と「開いた発問」

「閉じた発問」とは，「はい」か「いいえ」で答えるもので，答えが一つしかないものである。

「開いた発問」とは，答えに広がりがあり児童生徒の思考力を刺激するものである。

閉じた発問は，開いた発問の前段階として用いると，授業にリズムやテンポが生まれ効果的である。

#### c. 発問のポイント

発問を考える際に気をつけたいことは，授業のねらいに対して何に気づかせ，何を考えさせるのかということである。以下のポイントを取り入れながら，児童生徒の主体性を引き出すことが大切である。

①　発問が明瞭簡潔である。

②　「はい」「いいえ」の答えのみでなく，思考や解決の筋道を考えさせる。

③　児童生徒の知識や能力経験にあっていて答えやすい。

④　答えることを強制しない。

## 3．授業の改善

うまくいかない授業では，その原因となるもの（改善すべき点）がある。それらは，指導法であったり，教材の良否であったり，児童生徒のモチベーションであったりする。日々の活動を教師の視点だけでなく，児童生徒の視点に立って検証することが求められる。

### （1）児童生徒の満足度

経済学で知られるピーター・ドラッカー[1]の著書からは，経済に関することに限らず多くのことを学ぶことができる。組織づくりの観点や目的の共有，特にマーケティングの意義や方法についてである。

授業者の立場からは，「学校は何を教えるのか？」「児童生徒をどんな人間にしたいのか？」を考え，さらに「何を教えてほしいと思っているのか？」「保護者は学校に何を期待しているのか？」を考えなければならない。日々の活動を，その効果という視点だけでなく，児童生徒や保護者の満足度から検証することが大事である。通常は，新しい単元に入る前に扱う教材への意識を調査し，単元終了時に授業への満足度や感想を調査することにより，意識の変化を分析する。

満足度が高まっていればよいわけだが，ポイントはどのような取り組みがその単元で行われたか，どうして満足度が高くなったのかの原因を把握することである。質問項目としては，

①　授業の内容に関するもの

②　授業の進め方に関するもの

③　授業の成果に関するもの

④　児童生徒の取り組みに関するもの

などが考えられる。

## （2）授業実践における留意事項

授業に向けての指導案の作成から，実際の授業の実践における留意事項は以下のとおりである。各項目が授業を振り返るうえでのポイントとなる。

### a．指導案

①　単元目標は学習指導要領に沿ったものか。

②　児童生徒の実態は現状と一致しているか。

③　本時の目標の内容は適切か。

④　単元の評価基準は適切か。

⑤　学習内容は時間・量ともに適切か。

### b．単元計画

①　単元目標に基づいているか。

②　学習指導要領の内容に沿っているか。

③　段階的，系統的な流れに沿っているか。

④　児童生徒の実態に即しているか。

### c．授業展開

①　指導のポイントは的確か。

②　学習の流れはわかりやすくなっているか。

③　展開に創意工夫がみられるか。

④　声かけは質・量ともに適切か。

### d．教具，板書，場の工夫

①　ワークシートの内容は十分か。

②　板書計画，場の工夫は適切か。

③　授業時間に合った内容か。

■注

1：ピーター・ドラッカー（Drucker., P.F ： 1909－2005）は，オーストリア生まれのユダヤ系オーストリア人。経済学者。「現代経済学」あるいは「マネジメント」の発明者。

# 第3章　現代社会が抱える教育課題

## 1．学力の低下と新しい学力観

### (1) 学力をどう捉えるか

「学校教育法」第30条2項には，「生涯にわたり学習する基盤が培われるよう，基礎的な知識及び技能を習得させるとともに，これらを活用して課題を解決するために必要な思考力，判断力，表現力その他の能力をはぐくみ，主体的に学習に取り組む態度を養うことに，特に意を用いなければならない」と規定されている。この規定により，学力は，①知識・技能，②思考力，判断力，表現力等，③主体的に学習に取り組む態度の3つの要素で構成されるものと捉えることができる。このことは，これまでの学校教育において重視してきた「生きる力」の知の側面の学力観，「確かな学力」(知識や技能はもちろんのこと，これに加えて，学ぶ意欲や自分で課題を見つけ，自ら学び，主体的に判断し，行動し，よりよく問題を解決する資質や能力等まで含めたもの）と一致する。

文部科学省は，2017(平成29)年に改訂した学習指導要領において，学校教育において育成すべき資質・能力を，次の「三つの柱」に整理した。

① 「何を理解しているか，何ができるか」(生きて働く「知識・技能」の習得)

② 「理解していること・できることをどう使うか」(「思考力・判断力・表現力」の育成)

③ 「どのように社会・世界と関り，よりよい人生を送るか」(学びに向かう力・人間性等の涵養)

学校教育の充実には，上述の「三つの柱」の育成に向けた教育活動の展開，とりわけ「主体的・対話的で深い学び」を視点とする授業改善が強く求められている。

### （2）子どもの学力と ICT 活用の現状

文部科学省は，2007（平成 19）年から全国の小学校 6 年生および中学校 3 年生を対象に，「全国学力・学習状況調査」を毎年実施している。

2022（令和 4）年度の「教科に関する調査結果概要」において，「全国（国公私）の平均正答数・平均正答率」が前回よりも上昇している教科は，小学校国語（64.9%→ 65.8%），小学校理科（60.4%→ 63.4%），中学校国語（64.9%→ 69.3%）となっている。

また，質問紙調査の「ICT を活用した学習状況（ICT の活用頻度）」を見ると，教員の大型提示装置等の ICT 機器を活用した授業の頻度は増加しており，「ほぼ毎日」と回答した小中学校の割合は，小学校 67.2%，中学校 68.5%と昨年度と比べて約 10 ポイント増加している。

さらに，児童生徒が授業で PC・タブレットなどの ICT 機器を使用する頻度も増加しており，「ほぼ毎日」と回答した児童生徒の割合は，小学校 26.9%，中学校 22.4%となっており，昨年度と比べて約 15 ポイント増加している。

「学習の中で PC・タブレットなどの ICT 機器を使うのは勉強の役に立つと思うか」との質問に肯定的に回答した児童生徒の割合は，小学校 94.4%，中学校 92.5%であり，昨年度と同様に高い割合となっている。

### （3）子どもたちの学力に関する国際比較

TIMSS（国際数学・理科教育動向調査）とは，小学校 4 年生，中学校 2 年生を対象に，算数・数学，理科の知識や技能についての到達度を国際比較する調査である。TIMSS2019 の調査結果を見ると，全体的には上位に位置しているが，小学校中学校ともに，算数・数学の「勉強は楽しい」「得意だ」と答えた児童生徒の割合は増加しているものの国際平均を下回っている。

PISA（OECD 生徒の学習到達度調査）は，義務教育の終了段階である 15 歳の生徒を対象に「読解力」「数学的リテラシー」「科学的リテラシー」などの到達度を国際比較する調査である。

PISA2018調査結果からは，「数学的リテラシー」「科学的リテラシー」は上位に位置するものの，「読解力」に低下傾向が見られる。

## 2．体力・学力の低下，食育，安全の指導に関わる問題

### （1）子どもの体力

全国体力・運動能力，運動習慣等調査（スポーツ庁）の体力合計点の結果を見ると，小・中学校の男女とも，2019(令和元)年から連続して低下傾向にある。特に，2022(令和4)年度の調査における体力合計点は，小・中学校の男女とも，過去最低を記録した。低下の原因として，1週間の総運動時間が420分以上の児童生徒の割合は増加しているものの，以前の水準には至っていないこと，肥満である児童生徒の増加，朝食欠食，睡眠不足，スクリーンタイム増加（映像の視聴時間）などの生活習慣の変化，新型コロナウイルス感染症の影響により，マスク着用中の激しい運動の自粛なども考えられる，としている。

### （2）食育の推進

2005(平成17)年に制定された「食育基本法」の前文では，子どもたちが豊かな人間性をはぐくみ，生きる力を身につけていくためには，何よりも「食」が重要であるとし，食の重要性を訴えている。

また，2006(平成18)年には，「早寝早起き朝ごはん」全国協議会が発足し，朝食をとることを生活のリズム向上に位置づけて，欠食をなくしていく取り組みが進んでいる。

さらに，2008(平成20)年には，「学校給食法」が改正され，食育の観点から「食」に関するさまざまな事柄について学ぶための項目が新設された。

2022(令和4)年度の文部科学省の「全国学力・学習状況調査」によると，朝食の欠食率は，小学生は5.1%（令和3年度5.1%），中学生は8.1%（令和3年度7.1%）となっている。この数値は，朝食を食べていますかという質問に対

して，「あまりしていない」「全くしていない」と回答した割合の合計である。

また，朝食の摂取と全国学力・学習状況調査の平均正答率との相関を見ると，小学校6年生，中学校3年生とも，「毎日食べている」が平均正答率が最も高く，「全く食べていない」が最も低くなっている。

さらに，2021(令和3)年度の全国体力，運動能力，運動習慣等調査の体力合計点と朝食の摂取の相関では，「毎日食べている」が体力合計点が最も高く，「食べない」が最も低くなっている。

食育の推進に向けて，法改正を含めさまざまな取り組みが行われているが，朝食の欠食率が示すとおり子どもたちの食にかかわる問題が改善されたとは言い難い。社会の変化が激しい時代にあって，子どもたちの食に関わる懸念は大きくなる傾向にあると言える。

## (3) 子どもの安全確保

子どもたちが安全に学校に通い，安心して学校生活を送ることは，保護者のみならずすべての国民の願いである。「独立行政法人日本スポーツ振興センター法施行令」第5条第2項では，学校が子どもたちの安全に関して責任を負う場面を「学校の管理下」として，授業を受けている場合，課外活動を受けている場合など，5項目を定めている。

### a．安全点検

「学校保健安全法」第27条では，「学校においては児童生徒の安全の確保を図るため，当該学校の施設及び設備の安全点検，児童生徒に対する通学を含めた学校生活その他の日常生活における安全に関する指導，職員の研修その他学校における安全に関する事項について，計画を策定しこれを実施しなければならない」と規定している。

### b．メンタルヘルス

文部科学省「生徒指導提要」(2022(令和4)年12月) によると，2008(平成20)年以降の小・中・高校生の自殺者数は年間300人から500人の間で推移し，自殺死亡率は，多少の凸凹はあるものの，一貫して上昇傾向にある。また，自殺が10 代の死因の第1位であるのは先進7カ国の中で日本のみであり，その死亡率も他国に比べて高いものとなっている。

このような状況の中で，2016(平成28)年に自殺対策基本法が改正され，若い世代への自殺対策が喫緊の課題であるという認識から，同法第17条第3項において，学校は「心の健康の保持に係る教育又は啓発等を行うよう努めるもの」とされた。

## 3．生徒指導上の問題

### (1) いじめの問題

いじめの問題は，学校において解決すべき最重要課題の一つである。2011(平成23)年に滋賀県大津市の中学校で起きたいじめによる自殺事件をきっかけに，国は「いじめ防止対策推進法」を制定し，いじめ問題の解決に向けた取り組みを法的に位置づけた。その第2条では，いじめの定義を次のように規定している。

> 児童等に対して，当該児童等が在籍する学校に在籍している等当該児童等と一定の人的関係にある他の児童等が行う心理的又は物理的な影響を与える行為（インターネットを通じて行われるものを含む。）であって，当該行為の対象となった児童等が心身の苦痛を感じているもの。

さらに，「学校及び学校の教職員の責務」（第8条）において，「学校全体でいじめの防止及び早期発見に取り組むとともに，当該学校に在籍する児童等がいじめを受けていると思われるときは，適切かつ迅速にこれに対処する責務を有する」こと，「学校いじめ防止基本方針」（第13条）において，「当該学校におけるいじめの防止等のための対策に関する基本的な方針を定めるものとする」こと，「いじめの早期発見のための措置」（第16条）において，当該学校に

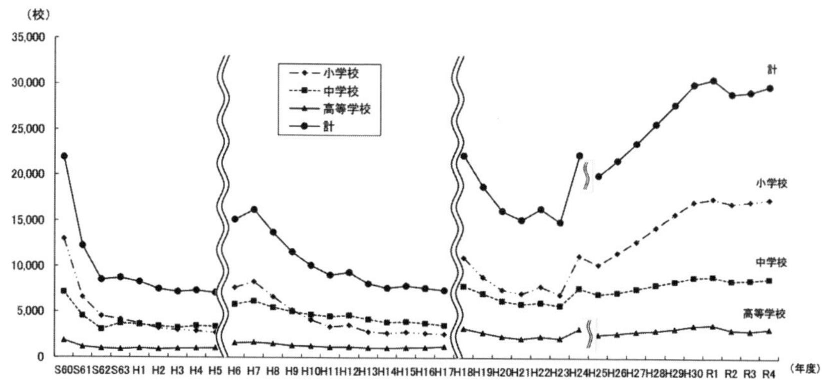


**図3-1　いじめの認知（発生）学校数の推移**（文部科学省，2023）

おけるいじめを早期に発見するため，当該学校に在籍する児童等に対する定期的な調査その他の必要な措置を講ずるものとする」ことなどが規定されている。

いじめの態様別状況を見ると，「冷やかしやからかい，悪口や脅し文句，嫌なことを言われる」が，小学校56.4%，中学校62.0%，高等学校59.4%と最も高くなっている。また，学校におけるいじめの問題に対する日常の取り組みでは，小・中・高等学校の約90%の学校で，アンケート調査を実施している。

## （2）不登校

不登校の定義は，文部科学省が毎年実施している「児童生徒の問題行動・不登校等生徒指導上の諸問題に関する調査」で次のように規定されている。

> 不登校とは，（年間30日以上の欠席者で）何らかの心理的，情緒的，身体的，あるいは 社会的要因・背景により，児童生徒が登校しないあるいはしたくともできない状況にある者（ただし，「病気」や「経済的理由」による者を除く。）をいう。

2022（令和4）年度の不登校児童生徒数は，299,048人（前年度244,940人）であり，その割合は，小学校1.70%（59人に1人），中学校5.98%（17人に1人）

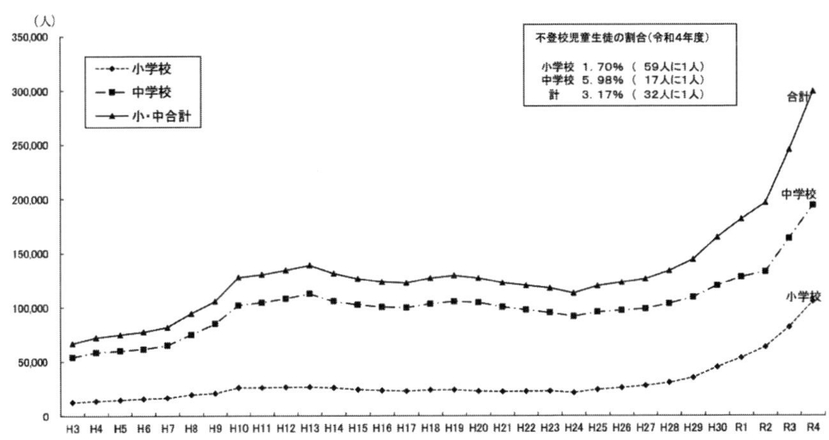


**図 3-2　不登校児童生徒数の推移**（文部科学省，2023）

となっている。不登校児童生徒数は 10 年連続で増加し，過去最多数を記録している。

また，不登校児童生徒数を前年度の同調査結果と比較すると，中学校 1 年生の増加率がきわめて高い。2021（令和 3）年度 183.1%，2022（令和 4）年度 174.7%であり，中学校 1 年生に対して，よりきめ細やかな対応が求められている。

これまで各学校では，不登校児童生徒に対して，「学校に登校する」を目標にして支援を続けてきたが，その支援のあり方についての考え方が変わった。

2016（平成 28）年 12 月，国は，「義務教育段階における普通教育に相当する教育の機会の均等に関する法律（教育機会均等法）」を制定した。この法律は，国及び地方公共団体の責務を明らかにするとともに，基本指針の策定その他の必要な事項を定めることにより，教育機会の確保等に関する施策を総合的に推進することを目的としている。

同法で注目すべきは，第 13 条（学校以外の場における学習活動等を行う不登校児童生徒に対する支援）に，「国及び地方公共団体は，不登校児童生徒が学校以外の場において行う多様で適切な学習活動の重要性に鑑み，個々の不登校児童生徒の休養の必要性を踏まえ，当該不登校児童生徒の状況に応じた学習活動が行われることとなるよう，当該不登校児童生徒及びその保護者に対する必要な情報の提供，助言その他の支援を行うために必要な措置を講ずるもの」としたことである。つまり，「学校以外の場での学習活動の重要性」と「休養の必要性」を規定したのである。

また，文部科学省「生徒指導提要」(2022(令和4)年12月）では，不登校児童生徒への支援の方向性を次のように定めている。

「なぜ行けなくなったのか」と原因のみを追求したり，「どうしたら行けるか」という方法のみにこだわったりするのではなく，どのような学校であれば行けるのかという支援ニーズや，本人としてはどうありたいのかという主体的意思(希望や願い)，本人が持っている強み（リソース）や興味・関心も含め，不登校児童生徒の気持ちを理解し，思いに寄り添いつつ，アセスメントに基づく個に応じた具体的な支援を行うことが重要である。

不登校児童生徒を深く理解し，学習の機会を保障するとともに将来に向けた自立を支援する方向性が強く打ち出された。

## 4．子どもを守る取り組み

### (1) 児童虐待

「児童虐待防止法」が2000(平成12)年に施行されたことで，児童相談所での児童虐待に関する相談対応件数が著しく増えている。

施行前の1999(平成11)年の相談対応件数は，11,631件であったものが，2021(令和3)年は，速報値ながら207,659件と，約18倍になっている。

前年度比の増加率を見ると，2017(平成29)年9.1%が，2018(平成30)年19.5%，2019(令和元)年21.2%となっており，2018(平成30)年から2019(令和元)年に相談対応件数が大幅に増加していることがわかる。

児童虐待とは，「身体的虐待，性的虐待，ネグレクト（育児放棄)，心理的虐待」の行為である（同法第2条)。

教師をはじめ子どもの児童虐待を発見しやすい立場にある者は，児童虐待の

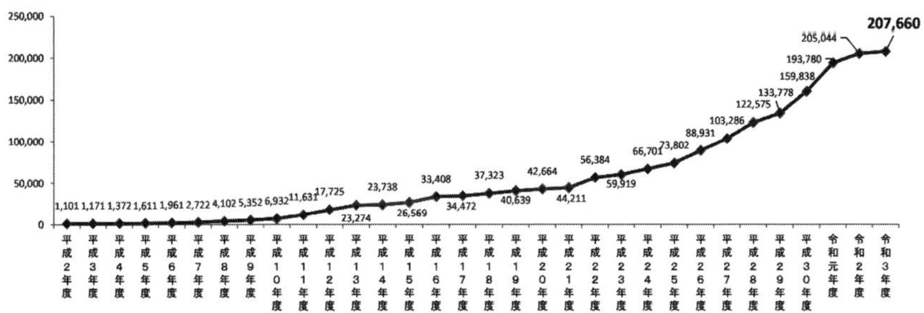


**図3-3　令和3年度 児童相談所での児童虐待相談対応件数**（こども家庭庁，2023）

早期発見に努め（同法第5条），児童虐待を受けたと思われる子どもを発見したときは，速やかに児童相談所へ通告しなければならない（同法第6条）。

## （2）ヤングケアラー

厚生労働省の「ヤングケアラーに関する調査研究について」によると，「ヤングケアラー」とは，「本来大人が担うと想定されている家事や家族の世話などを日常的に行っていることにより，子ども自身がやりたいことができないなど，子ども自身の権利が守られていないと思われる子ども」をいう。

調査対象となった中高生に対して，世話をしている家族の有無について質問した結果，世話をしている家族が「いる」と回答したのは中学校2年生で5.7%，全日制高校2年生で4.1%，定時制高校2年生相当で8.5%，通信制高校生で11.0%という結果になった。

世話をしている家族が「いる」と回答した中高生に，世話を必要としている家族について質問（複数回答）したところ，いずれの学校種でも「きょうだい」が最も高い（全日制高校2年生で44.3%，定時制高校2年生相当で41.9%，通信制高校生で42.9%）。特に，中学2年生は「きょうだい」の割合が他に比べ多く，61.8%となっている。

世話をしている家族が「いる」と回答した中高生に，世話をしているために，やりたいけれどできていないことについて質問したところ，中学校2年生，全日制高校2年生では「特にない」が最も高くなっているが，その他では，「自分の時間が取れない」が最も高くなっている。

学校で実施可能な支援内容の例として，生徒の抱える辛さや困難さに対して傾聴すること，事実を確認しだい学年間・学校内で情報共有すること，家庭内における生徒の立場を考慮して対応する等（教諭）が考えられる。

## (3) 教員をめぐる課題

### a．体罰

「教育に体罰はない」「体罰は教育ではない」など，体罰と教育の関係を教師は肝に銘じておかなければならない。学校教育法第 11 条に規定されている「懲戒と体罰」の意味とそれらの違いをしっかりと理解して子どもと向き合うことが重要である。

文部科学省「体罰にかかる懲戒処分等の状況（令和 3 年度)」によると，体罰は，小・中・高等学校とも授業中が最も多く，次いで，中・高等学校では，部活動という結果になっている。

### b．非違行為

教員の不祥事に関する報道が後を絶たない。2021 (令和 3) 年度文部科学省懲戒処分等の状況によると，懲戒免職者が 172 人，うち，児童生徒等に対する性犯罪・性暴力により免職処分を受けた者は 115 人に上る。教師に求められる高い倫理観や子どもや保護者から寄せられる期待を強く自覚すべきである。

### c．精神疾患による病気休職

文部科学省によると，2021 (令和 3) 年度の「精神疾患による病気休職者」は，5,897 人であり全体の 0.64%となっている。教員の労働環境の改善が叫ばれている今，ICT を一層活用するなどして校務のさらなる負担軽減を図り，ワークライフ・バランスを重視した働き方を実現しなければならない。

■引用・参考文献

こども家庭庁（2022）「令和３年度　児童相談所での児童虐待相談対応件数」
文部科学省（2023）「児童生徒の問題行動・不登校等生徒指導上の諸課題に関する調査結果（令和３年度）」

# 第4章 主体的・対話的な学習過程

## 1．学習指導要領と「主体的・対話的で深い学び」

AIをはじめとする技術革新により，現代社会のさまざまな分野でその構造の変容が進んでいる。今後も大きく変化することが予測される社会においては，単なる知識を得るだけでなく，子どもたちが人生をとおして自ら学び続ける力や態度を育成することが求められる。その育成を担う学校教育の現場では，近年特に学びの「質」を高めることが重要となっている。

2017（平成29）年改訂の学習指導要領では，このような学びに必要な視点として「主体的・対話的で深い学び」を掲げている。この背景には，子どもたちを取り巻く環境の急激な変化の中で，自らが主体的に物事を判断し，他者との対話の中で問題解決を見いだしていく能力を育成するという社会全体の課題が存在する。これまで行われてきた知識を詰め込むだけの学びではなく，自分自身が学びを通じて「どのようなことができるようになったか」という点が重要であり，子どもたちがそのための資質・能力を身につけられるように，効果的に授業改善を行っていく視点が「主体的・対話的で深い学び」である。

現行の学習指導要領では，育成することを目指す「資質・能力」を①知識及び技能，②思考力・判断力・表現力等，③学びに向かう力・人間性等の3つの柱により整理している（図4-1）。それらの育成のために，2016（平成28）年の中央教育審議会答申では，「主体的・対話的で深い学び」の実現に向けた授業改善（アクティブ・ラーニングの視点に立った授業改善）の必要性が示された（アクティブ・ラーニングについては第5章を参照）。

学習指導要領総則の解説（文部科学省，2017a）では，主体的・対話的で深

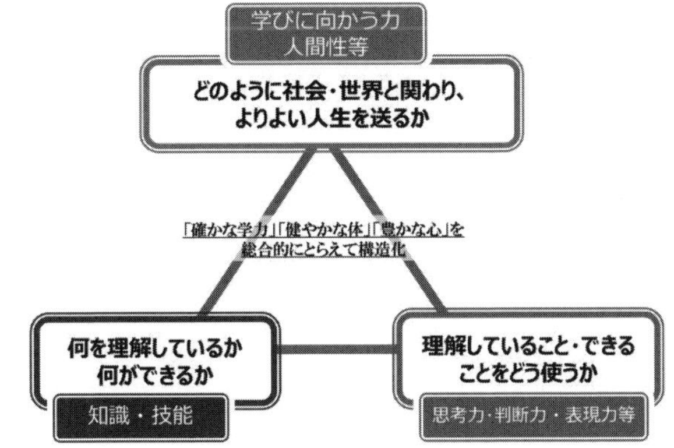


**図 4−1　育成すべき資質・能力の 3 つの柱**（文部科学省，2017a）

い学びの実現には，以下の 3 つの視点に立った授業改善が必要であることが示されている。

① 学ぶことに興味や関心を持ち，自己のキャリア形成の方向性と関連付けながら，見通しをもって粘り強く取り組み，自己の学習活動を振り返って次につなげる「主体的な学び」が実現できているかという視点。
② 子供同士の協働，教職員や地域の人との対話，先哲の考え方を手掛かりに考えること等を通じ，自己の考えを広げ深める「対話的な学び」が実現できているかという視点。
③ 習得・活用・探究という学びの過程の中で，各教科等の特質に応じた「見方・考え方」を働かせながら，知識を相互に関連付けてより深く理解したり，情報を精査して考えを形成したり，問題を見いだして解決策を考えたり，思いや考えを基に創造したりすることに向かう「深い学び」が実現できているかという視点。

これらの視点は，従来から学校教育にて行われてきた知識の習得そのものを否定するのではなく，「資質・能力」の 3 本柱（図 4−1）をバランスよく育んでいくことを目指すものである（文部科学省，2017b）。例えば，中学校学習指導要領（文部科学省，2017c）第2章第7節「保健体育」では，「指導計画の作成と内容の取扱い」における指導計画作成の配慮事項として，以下を挙げている。

> 単元など内容や時間のまとまりを見通して，その中で育む資質・能力の育成に向けて，生徒の主体的・対話的で深い学びの実現を図るようにすること。その際，体育や保健の見方・考え方を働かせながら，運動や健康についての自他の課題を発見し，その合理的な解決のための活動の充実を図ること。また，運動の楽しさや喜びを味わったり，健康の大切さを実感したりすることができるよう留意すること。

このような学びは，1つの授業の中ですべて組み込むことが求められているのではなく，単元や題材といった時間的なまとまりにおいて取り入れていくものとされている（中央教育審議会，2016）。

では，「主体的・対話的で深い学び」とは，具体的にどのようなことであろうか。独立行政法人教職員支援機構は，この視点からの学習過程の質的改善によって実現したい子どもの姿について，ピクトグラムを提示するとともにまとめている（図4-2）。これによると，「主体的な学び」「対話的な学び」「深い学び」により実現される子どもの姿が明確に想定されていることがわかる。次節以降，これら3つの学びをそれぞれ解説していく。

## 2．主体的な学び

現代では，古くから行われているような教師が授業を先導し仕切っていく形ではなく，子どもたちが主体的に学んでいくことが求められる。「主体的な学び」の過程では，まず特定の課題に対して，どのようにすれば問題解決することができるかを自ら考え，試してみる。そしてそこで何を学んだのか，また自らのキャリア形成と関連づけてどのようなことを今後学んでいくべきなのかを考え，次の学びに活かしてつなげていく。このように，見通しを持って振り返りと改善を繰り返しながら発展的な学びにつなげていく「主体的な学び」につ

| 主体的な学び | 対話的な学び | 深い学び |
|---|---|---|
| 興味や関心を高める | 互いの考えを比較する | 思考して問い続ける |
| 見通しを持つ | 多様な情報を収集する | 知識・技能を習得する |
| 自分と結び付ける | 思考を表現に置き換える | 知識・技能を活用する |
| 粘り強く取り組む | 多様な手段で説明する | 自分の思いや考えと結び付ける |
| 振り返って次へつなげる | 先哲の考え方を手掛かりとする | 知識や技能を概念化する |
| | 共に考えを創り上げる | 自分の考えを形成する |
| | 協働して課題解決する | 新たなものを創り上げる |

**図4−2　主体的・対話的で深い学びによって実現したい子どもの姿のピクトグラム一覧**
（独立行政法人教職員支援機構）

いて，文部科学省（2017b）では，具体例として以下のことを挙げている。

・学ぶことに興味や関心を持ち，毎時間，見通しを持って粘り強く取り組むとともに，自らの学習をまとめ振り返り，次の学習につなげる
・「キャリア・パスポート（仮称）」などを活用し，自らの学習状況やキャリア形成を見通したり，振り返ったりする

学びに対して主体的に関わっていくためには，子どもたちの動機づけを高めることが必要になる。動機づけの分類方法の一つに，外発的／内発的動機づけがある。外発的動機づけとは，報酬や罰などの外的要因によって行動が生起す

る過程である。例えば，良い成績をとったらごほうびがもらえる，悪い成績をとったら怒られる，といったことで行動が引き起こされることである。これらの例では，勉強すること自体が目的ではなく手段となっている。一方で，内発的動機づけとは，興味や好奇心といった内的な要因から行動が生起する過程を指す。海外生活に興味があるから英語を勉強する，野球が好きだから練習を続けるという例は，内発的に動機づけられている。これは，その行動を起こすことそのものが目的であり，手段にはならない。

近年では，動機づけを外発的／内発的と単純に二分するのではなく，これらを連続する概念と捉えるという「自己決定理論」による解釈が試みられる。自己決定理論は6つの小理論で構成されるが，その一つである「有機的統合理論」では，外発的動機づけを4つに分類し，自己決定（自分の欲求充足を自分で決められること）の度合いが低い順に，外的調整，取り入れ的調整，同一視的調整，統合的調整としている。そして最も自己決定感が高い動機づけを内発的動機づけとして，これらを自己決定感の高低の軸上で連続した概念として考える(図4-3)。子どもの動機づけは状況に応じて変化するものであるため，この理論的な枠組みは，現在子どもの自己決定感がどのレベルにあるのかを理解し，望ましい行動を主体的に持続させるために何が必要なのかを明らかにしたうえで教育的指導をすることの必要性を示している。

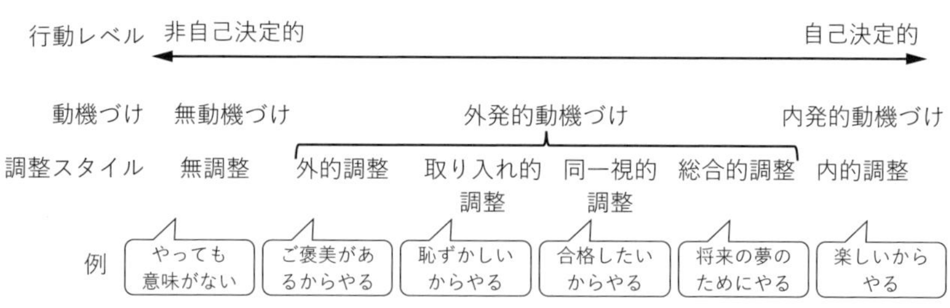


**図4-3　自己決定の連続線上にある動機づけの分類**（Ryan & Deci, 2000をもとに作成）

## 3．対話的な学び

「対話的な学び」の過程では，友人に説明したり意見を聞いたりすることで，より客観的な視点で自分自身の考えを見つめ直し，足りない部分を理解することができる。また，専門家や地域の人とのコミュニケーションをとおして，見方を広げることができる。対話の対象は，子どもに限定されるものでなく，教職員，地域の人，先哲など幅広く捉えられる。これらの他者との相互作用の中で，自分の意見や考え方を比較し，自分自身の考えをより深い方向に変化させていく。「対話的な学び」として，文部科学省（2017b）では，以下の具体例を挙げている。

・実社会で働く人々が連携・協働して社会に見られる課題を解決している姿を調べたり，実社会の人々の話を聞いたりすることで自らの考えを広める
・あらかじめ個人で考えたことを，意見交換したり，議論したり，することで新たな考え方に気が付いたり，自分の考えをより妥当なものとしたりする
・子供同士の対話に加え，子供と教員，子供と地域の人，本を通して本の作者などとの対話を図る

対話的な学びの具体的な方法としてはさまざまなものが検討されているが，ここでは東京大学 CoREF による「知識構成型ジグソー法（白水ら，2019）」を紹介する。白水ら（2019）によると，知識構成型ジグソー法とは，従来のアロンソンによるジグソー法を応用し，以下の5つのステップで実施される。

① 課題について各自が自分で考えを持つ：教師が「一人では十分な答えが出ない」問いを発問し，一人ひとりが答えを考えてみる。
② エキスパート活動：答えの部品に関する資料が，各エキスパート班

（3－4人）に配布される。これはエキスパート資料とよばれ，班によって異なる部品の資料である。その資料をもとに班内で話し合って理解し，班のメンバー全員がその資料のエキスパートになる。

③　ジグソー活動：各エキスパートを担当したメンバーを一人ずつ集めたジグソー班を組む。各ジグソー班には，全てのエキスパートが一人ずつ存在することになる。その班内でエキスパートとしての情報を発表し合い，全員で協力して答えを導き出す。

④　クロストーク：各ジグソー班が導き出した答えを教室全体で発表する。この時，各班の答えや表現は多様なものになるので，その発表を聞いて，自ら情報を整理し理解する。

⑤　課題について，最後にもう一度自分で答えを出す：これまでの一連の活動をとおして，もう一度自分の言葉で答えを考えてみる。その時に自分自身の理解度が自覚され，次の学びにつながっていく。

この知識構成型ジグソー法は協調学習の手法の一つであり，各活動の班での話し合いを通じて，一人ひとりが自分自身の考えに責任を持って課題に向き合うことにつながっていく。その意味で，一般的なグループ学習に比べて，より自分の理解や考えを深めていくことが期待できる。

## 4．深い学びと探究的な学習の過程

学びの中で得た知識や技能は，「生きて働く」ものになっているかどうかが重要であり，「習得・活用・探究」という学習過程を通じて，それを獲得していく。「深い学び」とは，構造化された知識や技能を身につけるだけではなく，それらをベースに別の場面でどのように用いることができるのかを考えたり，実際に活かしていくためにはどのようなことが必要なのかをまとめたりすることによって，より深いレベルで学んでいくことである。文部科学省（2017b）では，具体例として以下のことを挙げている。

・事象の中から自ら問いを見いだし，課題の追究，課題の解決を行う探究の過程に取り組む
・精査した情報を基に自分の考えを形成したり，目的や場面，状況等に応じて伝え合ったり，考えを伝え合うことを通して集団としての考えを形成したりしていく
・感性を働かせて，思いや考えを基に，豊かに意味や価値を創造していく

学習指導要領（文部科学省，2017c）では，「総合的な学習の時間」の目標として，「探究的な見方・考え方を働かせ，横断的・総合的な学習を行うことを通して，よりよく課題を解決し，自己の生き方を考えていくための資質・能力を育成すること」が挙げられ，「探究的な学習の過程」の重要性が示されている（図4−4）。この学習過程において，子どもは①日常の中で自ら課題を見付け，②その問題に対して情報収集し，③情報について整理や分析を行い，④そこから得られた結果をまとめ，表現する。そして，その後にまた新たな課題を見つけ，同じサイクルで次の問題の解決につなげていく。このような学習過程は，総合的な学習の時間や各教科等の特質に応じた「見方・考え方」を基にし

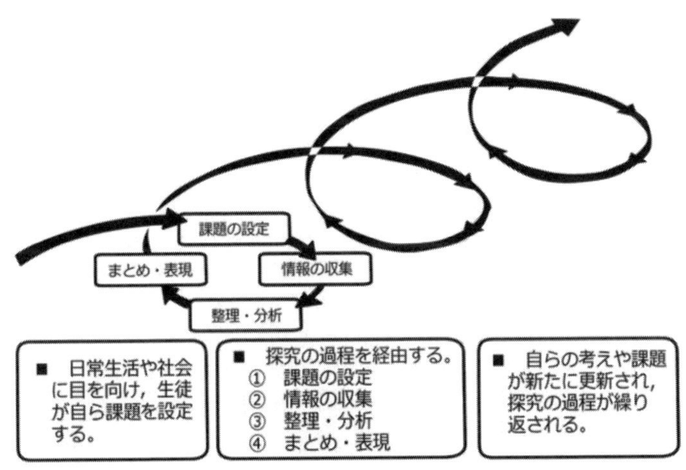


**図4−4　探究的な学習過程**（文部科学省，2017c）

て実践されていく。中央教育審議会（2016）によると，この教科の「見方・考え方」とは，例えば「保健」では「個人及び社会生活における課題や情報を，健康や安全に関する原則や概念に着目して捉え，疾病等のリスクの軽減や生活の質の向上，健康を支える環境づくりと関連付けること」とされる。また「体育」では，「運動やスポーツを，その価値や特性に着目して，楽しさや喜びとともに体力の向上に果たす役割の視点から捉え，自己の適性等に応じた『する・みる・支える・知る』の多様な関わり方と関連付けること」である。主体的・対話的で深い学びを実現させるためには，このような学習過程が共通に認識され展開されていく必要がある。

◀**独立行政法人教職員支援機構　アクティブ・ラーニング授業実践事例（200 事例）**主体的・対話的で深い学び（アクティブ・ラーニング）の視点からの授業改善に取り組んでいる実践事例が豊富に紹介されている。

■引用・参考文献


中央教育審議会（2016）幼稚園，小学校，中学校，高等学校及び特別支援学校の学習指導要領等の改善及び必要な方策等について（答申）https://www.mext.go.jp/b_menu/shingi/chukyo/chukyo0/toushin/__icsFiles/afieldfile/2017/01/10/1380902_0.pdf（最終閲覧 2023－09－11）

独立行政法人教職員支援機構　ピクトグラム一覧　https://www.nits.go.jp/service/activeLearning/achievement/jirei/pictogram.html（最終閲覧 2023－09－06）

文部科学省（2017a）新しい学習指導要領の考え方―中央教育審議会における議論から改訂そして実施へ― https://www.mext.go.jp/a_menu/shotou/new-cs/__icsFiles/afieldfile/2017/09/28/1396716_1.pdf（最終閲覧 2023－09－06）

文部科学省（2017b）主体的・対話的で深い学びの視点からの授業改善 https://www.mext.go.jp/a_menu/shotou/new-cs/__icsFiles/afieldfile/2020/01/28/20200128_mxt_kouhou02_01.pdf（最終閲覧 2023－09－06）

文部科学省（2017c）中学校学習指導要領（平成 29 年告示）解説　総合的な学習の時間編 https://www.mext.go.jp/component/a_menu/education/micro_detail/__icsFiles/afieldfile/2019/03/18/1387018_012.pdf（最終閲覧 2023－09－06）

白水始・飯窪真也・齊藤萌木・三宅なほみ（編著）（2019）自治体との連携による協調学習の授業づくりプロジェクト　協調学習　授業デザイン ハンドブック　第 3 版―「知識構成型ジグソー法」の授業づくり―　東京大学 CoREF　https://ni-coref.or.

jp/main/wp-content/uploads/2019/03/handbook3_all.pdf（最終閲覧 2023－09－06）
Ryan, R. M., & Deci, E. L. (2000) Self-determination theory and the facilitation of intrinsic motivation, social development, and well-being. American Psychologist, 55（1）, 68-78.

# 第5章 授業づくり

## 1．目標達成に向けた教育活動

### （1）授業とは

授業は，教師が児童生徒の実態を踏まえて，各教科の目標の実現を図る教育活動である。教師にとって，どのような授業を構想するかはきわめて重要な問題である。児童生徒の興味関心や能力に応じた教材を準備し，どのような手順で指導し支援すればよいかをあらかじめ考え，時間的な流れを考慮しながら学習活動を配置していく。効率的よく授業を展開し，より効果が得られるように構想するのである。授業は，意図的，計画的な教育活動でなければならない。

教師は，授業を通して児童生徒にどのような力をつけていかなければならないのだろうか。

2017（平成29）年告示の学習指導要領では，育成すべき資質・能力が次の「3つの柱」に整理された。

①「知識・技能」の習得
②「思考力・判断力・表現力等」の育成
③「学びに向かう力・人間性等」涵養

②や③を育成するための授業改善の視点が「主体的・対話的で深い学び」である。「主体的・対話的で深い学び」の視点に立った授業改善は，学校教育における質の高い学びを実現し，学習内容を深く理解し，資質・能力を身につけ，

生涯にわたって能動的（アクティブ）に学び続けるようにすることを目指している。

### （2）単元の指導目標

授業は，目標の達成を目指した教育活動である。授業づくりの第一歩は，学習指導要領の目標と内容を確認することである。そのうえで，教材を基に単元計画をつくり，さらに１単位時間の授業をつくっていく。例えば，８時間でひとまとまりの学習内容を構成する場合，このひとまとまりを単元といい，単元の目標は８時間で達成することを目指す。

単元の目標は，学習指導要領に示された目標を踏まえたうえで設定する。教師が教材の特性を理解し，児童生徒の実態を捉え，児童生徒にどのような願いをもって，この教材を与え，指導していくかを構想する中で，単元の目標を具体的に設定していく。

先に述べたとおり，2017（平成29）年告示の学習指導要領では，育成すべき資質・能力が次の「３つの柱」に整理された。また，文部科学省から通知された「小学校，中学校，高等学校及び特別支援学校における児童生徒の学習評価及び指導要録の改定について」(2019（平成31）年３月）を踏まえると，単元目標は，次の３つの観点から設定することになる。

①　知識・技能
②　思考力・判断力・表現力等
③　主体的に学習に取り組む態度

１単位時間の授業の目標は，単元の目標に準じて設定することになる。ここで注意すべきは，上記の３つの観点は単元の教育活動全体を通して達成すべきものであるということである。１単位時間の授業において，３つの観点すべてを設定するのではなく，「この時間は，３つのうちのこの観点の達成を目指す」というように目標を設定するということである。単元計画に，３つの観点をバランスよく配置し，１単位時間の授業の積み重ねによって単元の目標が達成されるということである。

なお，単元計画では，1単位時間の授業の目標に加えて，評価規準，評価場面，評価方法等を明確にしておく必要がある。

### （3）実態把握

授業づくりにおいては，児童生徒の実態を把握することが必要である。実態を把握するとは，現在の児童生徒がどのような実態であるかを単元目標の①知識・技能，②思考力・判断力・表現力等，③学びに向かう力・人間性等を視点にして実態を見つめることである。

例えば，中学校2年生で扱うネット型球技であるバレーボールの知識・技能の実態把握では，例として以下のような記述が考えられる。

「小学校でソフトバレーボールやバレーボールを経験している生徒もいるが，正確なボール操作の技術は身についていない。また，ほとんどの生徒が中学校の公式球に初めて触れる。また，バレーボールを通して高まる技能や体力，ルールを理解している生徒はほとんどいない」。

実態を把握するということは，言い換えれば児童生徒が学習を進めるうえでの「つまずき」が予想できるということである。さらに，1単位時間の目標を実現するために中心的な学習活動をどうするか，つまずいたと思われる場面で，どのような指導や支援を行うか等，指導の手だてが想像できるようになる。

また，「つまずき」を解決する方法の一つとして，教師による指導・支援に加えて，児童生徒に「課題」として提示し，課題解決に向けてICTを活用したペア・ワークやグループ・ワークを活用することも考えられる。

## 2．各教科の授業づくり

### （1）各教科の授業

授業づくりは，教師がこの教材を用いて，どのような実態の児童生徒に，どのように指導・支援していくかを構想することである。つまり，目標に照らしながら繰り返し教材を研究し，また児童生徒の実態を把握して，この教材で何を身につけさせたいのか，それにはそのような学習活動を設定し，どのような手立てが必要かを明確にすることである。

授業の構想をおおまかな流れとして捉えれば，授業の前に目標に達していない「できない」「わからない」という状態にある児童生徒を，授業後に目標が「できた」「わかった」にしていくというものである。

その際，重視しなければならない授業づくりの視点が「主体的・対話的で深い学び」の実現である。これは，学習指導要領の改訂にあたり予想困難な時代を生き抜いていく児童生徒に必要な3つの柱としてまとめられた資質・能力を授業で育成するために，授業改善の視点として示されたものである。

また，児童生徒の資質・能力を育成するにあたっては，学習指導要領の趣旨を踏まえ，「個別最適な学び」と「協働的な学び」という観点から学習活動の充実の方向性を改めて捉え直すこと，また，これまで培われてきた学習指導の工夫とともに，ICTの新たな可能性を指導に生かすことで，主体的・対話的で深い学びの実現に向けた授業改善につなげていくことが重要と考えられる。

## （2）保健体育の授業

### a．保健体育科の目標

2017（平成29）年告示の学習指導要領では，保健体育科の目標を以下のように規定している。

> 体育や保健の見方・考え方を働かせ，課題を発見し，合理的な解決に向けた学習過程を通して，心と体を一体として捉え，生涯にわたって心身の健康を保持し，豊かなスポーツライフを実現するための資質・能力を次のとおり育成することを目指す。
>
> ⑴ 各種の運動の特性に応じた技能及び個人生活における健康・安全について理解するとともに，基本的な技能を身に付けるようにする。
>
> ⑵ 運動や健康についての自他の課題を発見し，合理的な解決に向けて思考し判断するとともに，他者に伝える力を養う。

(3) 生涯にわたって運動に親しむとともに健康の保持増進と体力の向上を目指し，明るく豊かな生活を営む態度を養う。

要約すれば，保健体育科では，「生涯にわたって心身の健康を保持し，豊かなスポーツライフを実現するための資質・能力を次のとおり育成すること」を目指している。また，上述の育成すべき資質・能力の（1）は「知識・技能」，(2) は「思考力・判断力・表現力等」，(3) は「学びに向かう力，人間性等」である。

### b．見方・考え方

保健体育の授業においても「知識及び技能」「思考力・判断力・表現力等」「主体的に学習する態度」の観点を踏まえて授業づくりをしなければならない。加えて，「主体的・対話的で深い学び」を視点に授業を構成しなければならない。その際，学びの「深まり」の鍵となるものとして，すべての教科等で整理されているのが，各教科等の特質に応じた「見方・考え方」である。

保健体育科の特質に応じた「味方・考え方」は，次のとおりである。

体育の見方・考え方：生涯にわたる豊かなスポーツライフを実現する観点を踏まえ，運動やスポーツを，その価値や特性に着目して，楽しさや喜びとともに体力の向上に果たす役割の視点から捉え，自己の適性等に応じた「する・みる・支える・知る」の多様な関わり方と関連付けること。

保健の見方・考え方：疾病や傷害を防止するとともに，生活の質や生きがいを重視した健康に関する観点を踏まえ，個人及び社会生活における課題や情報を，健康や安全に関する原則や概念に着目して捉え，疾病等のリスクの軽減や生活の質の向上，健康を支える環境づくりと関連付けること。

### c．一般的な特性と児童生徒から見た特性

保健体育の授業づくりは，運動領域でいえば，取り上げる運動の特性を「一般的な特性」と「児童生徒から見た特性」から捉え，その特性を視点に児童生

徒の実態を捉え，教師の指導観を明確にして授業の流れを構想していく。

「一般的特性」とは，欲求の充足あるいは必要を充足する機能を中心に捉え，児童生徒にとって種目の一般的な魅力（機能的特性）は何かを明らかにすることである。具体的には，その運動は，どんな運動・スポーツか，楽しさを感じる点はどこかなどを明らかにしたものである。

「児童生徒から見た特性」とは，児童生徒の実態を踏まえ，学習する児童生徒にとって，どこが楽しいか，遠ざける要因は何か，どんな楽しみ方ができる運動かを明らかにしたものである。

その際，取り上げる運動がただできるようになればよいということではなく，その運動の意義を児童生徒が理解し，運動することが楽しく，自ら積極的に取り組んでいくことで体力の向上につなげていこうとする態度を育成できるよう学習活動を設定していかなければならない。

## 3．総合的な学習の時間

### （1）総合的な学習の時間設置の経緯，趣旨

総合的な学習の時間は，1998（平成10）年の教育課程審議会（現中央教育審議会初等中等教育分科会）で創設が提言され，1998（平成10）年小中学校学習指導要領，1999（平成11）年高等学校学習指導要領の改訂によって新設された教育課程の領域である。

提言では，子どもたちに「生きる力」をはぐくんでいくためには，各教科，道徳，特別活動などのそれぞれの指導にあたってさまざまな工夫をこらした活動を展開したり，各教科等の間の連携を図った指導を行ったりするなどさまざまな試みを進めることが重要であること，「生きる力」が全人的な力であるということを踏まえると，横断的・総合的な指導を一層推進し得るような新たな手だてを講じて，豊かに学習活動を展開していくことがきわめて有効であると考えられる，としている。

また，「総合的な学習の時間」を創設する趣旨については，各学校が地域や

学校の実態等に応じて創意工夫を生かして，特色ある教育活動を展開できるような時間を確保することである，としている。

### （2）総合的な学習の時間の目標

総合的な学習の時間は，探究的な見方・考え方を働かせ，横断的・総合的な学習を行うことを通して，よりよく課題を解決し，自己の生き方を考えていくための資質・能力を育成することを目標にしていることから，これからの時代においてますます重要な役割を果たすと考えられる。

2017（平成29）年3月の学習指導要領の改訂において，総合的な学習の時間で育成することを目指す資質・能力についても，他教科等と同様に，総則に示された「知識及び技能」「思考力，判断力，表現力等」「学びに向かう力，人間性等」という三つの柱から明示された。

具体的には，「探究的な見方・考え方を働かせ，横断的・総合的な学習を行うことを通して，よりよく課題を解決し，自己の生き方を考えていくための資質・能力を次のとおり育成することを目指す」ことを目標として掲げ，以下の資質・能力を育成することとした。

① 探究的な学習の過程において，課題の解決に必要な知識及び技能を身に付け，課題に関わる概念を形成し，探究的な学習のよさを理解するようにする。（知識及び技能）

② 実社会や実生活の中から問いを見いだし，自分で課題を立て，情報を集め，整理・分析して，まとめ・表現することができるようにする。（思考力，判断力，表現力等）

③ 探究的な学習に主体的・協働的に取り組むとともに，互いのよさを生かしながら，積極的に社会に参画しようとする態度を養う。（学びに向かう力，人間性等）

なお，高等学校は2018（平成30）年の学習指導要領の改訂において，名称が「総合的な学習の時間」から「総合的な探究の時間」に変更された。

### (3) 総合的な学習の時間の学習指導の基本的な考え方

改訂の趣旨を実現するための具体的な学習指導のポイントは，2つある。1つは，「学習過程を探究的にすること」であり，探究的な学習の過程のイメージを明らかにしていくこと。もう1つは，「他者と協働して主体的に取り組む学習活動にすること」であり，「探究的な学習」の更なる充実に向けた方向性を明らかにしていくことである。

2022(令和4)年「今，求められる力を高める総合的な学習の時間の展開」(文部科学省　中学校編)によると，探究的な学習とするためには，学習過程が以下のようになることが重要であるとしている。

①【課題の設定】体験活動などを通して，課題を設定し課題意識をもつ
②【情報の収集】必要な情報を取り出したり収集したりする
③【整理・分析】収集した情報を，整理したり分析したりして思考する
④【まとめ・表現】気付きや発見，自分の考えなどをまとめ，判断し，表現する

こうした探究の過程は，いつも①～④が順序よく繰り返されるわけではなく，順番が前後することもあるし，一つの活動の中に複数のプロセスが一体化して同時に行われる場合もある。およその流れのイメージであるが，このイメージを教師がもつことによって，探求的な学習を具現するために必要な教師の指導性を発揮することにつながる。また，この探究の過程は何度も繰り返され，高まっていく。

また，他者と協働して主体的に取り組む学習活動にすることとは，多様な他者と協働して主体的に課題を解決しようとする学習活動を重視することである。具体的には以下のとおりである。

①　多様な情報を活用して協働的に学ぶ
②　異なる視点から考え協働的に学ぶ

③　力を合わせたり交流したりして協働的に学ぶ
④　主体的かつ協働的に学ぶ

協働的に学ぶということはそれぞれの個性を生かすということでもある。学級の中では，すべての生徒が社交的，開放的であるとは考えられないし，内省を好む生徒もいれば，他者との関わりに困難さを感じる生徒もいて当然である。すべての生徒を同じ方向に導くということではなく，それぞれの生徒なりに主体的に学ぶこと，協働的に学ぶことのよさを実感できるように工夫することが必要である。

## 4．アクティブ・ラーニングと授業づくり

### (1) アクティブ・ラーニング

「アクティブ・ラーニング」は，2012（平成24）年にまとめられた中央教育審議会「新たな未来を築くための大学教育の質の転換に向けて」（答申）において，大学教育のあり方について使われた言葉である。文部科学省の用語集によれば，「教員による一方向的な講義形式の教育とは異なり，学修者の能動的な学修への参加を取り入れた教授・学習法の総称」であり，学修者が能動的に学修することによって，認知的，倫理的，社会的能力，教養，知識，経験を含めた汎用的能力の育成を図ることをねらいとしている。具体的な学習形態として，発見学習，問題解決学習，体験学習，調査学習等が含まれるが，教室内でのグループ・ディスカッション，ディベート，グループ・ワーク等も有効なアクティブ・ラーニングの方法であるとされている。

2014（平成26）年には，文部科学大臣が中央教育審議会に対して諮問した「初等中等教育における教育課程の基準の在り方について」に用いられ，2015（平成27）年には中央教育審議会教育課程企画特別部会が「論点整理」として報告した際に，「アクティブ・ラーニング」の項を立ててその意義を述べた。

2016（平成28）年中央教育審議会答申「幼稚園，小学校，中学校，高等学校

及び特別支援学校の学習指導要領等の改善及び必要な方策等について」には「平成 26 年 11 月の諮問において提示された『アクティブ・ラーニング』については，子供たちの「主体的・対話的で深い学び」を実現するために共有すべき授業改善の視点として，その位置付けを明確にすることとした」とあり，「主体的・対話的で深い学び」が目的で，「アクティブ・ラーニング」はその目的を達成する授業改善のための視点」と位置づけられている。つまり，「主体的・対話的で深い学び」を達成するための手段として「アクティブ・ラーニング」が推奨されているということである。

### (2)「主体的・対話的で深い学び」と授業改善

「主体的・対話的で深い学び」の目的は，児童生徒が生涯にわたり能動的（アクティブ）に学び続けるようにすることである。2017（平成 29）年告示の『中学校学習指導要領解説　総則編』では，「主体的・対話的で深い学び」について，次のように説明している。

① 学ぶことに興味や関心をもち，自己のキャリア形成の方向性と関連付けながら，見通しをもって粘り強く取り組み，自己の学習活動を振り返って次につなげる「主体的な学び」が実現できているかという視点。
② 子供同士の協働，教職員や地域の人との対話，先哲の考え方を手掛かりに考えること等を通じ，自己の考えを広げ深める「対話的な学び」が実現できているかという視点。
③ 習得・活用・探究という学びの過程の中で，各教科等の特質に応じた「見方・考え方」を働かせながら，知識を相互に関連付けてより深く理解したり，情報を精査して考えを形成したり，問題を見いだして解決策を考えたり，思いや考えを基に創造したりすることに向かう「深い学び」が実現できているかという視点。

また，主体的・対話的で深い学びは，必ずしも１単位時間の授業の中ですべてが実現されるものではなく，単元や題材など内容や時間のまとまりを見通して，例えば，主体的に学習に取り組めるよう学習の見通しを立てたり学習したことを振り返ったりして自身の学びや変容を自覚できる場面をどこに設定するか，対話によって自分の考えなどを広げたり深めたりする場面をどこに設定するか，学びの深まりをつくりだすために生徒が考える場面と教師が教える場面をどのように組み立てるか，といった観点で授業改善を進めることが重要となる。

# 第6章 学習評価

## 1．学習評価の概要

### （1）学習評価とは

学校における教育活動に関し，児童生徒の学習状況を評価するものである。「児童生徒にどういった力が身についたか」という学習の成果を的確に捉え，教員が指導の改善を図るとともに児童生徒自身が自らの学習を振り返って次の学習に向かうことができるようにするためにも，学習評価と教育課程や学習・指導方法の改善との一貫性のある取り組みを進めることが求められる。 評価にあたっては，いわゆる評価のための評価に終わることなく，教員が児童生徒のよい点や進歩の状況などを積極的に評価し，児童生徒が学習したことの意義や価値を実感できるようにすることで，自分自身の目標や課題をもって学習を進めていけるよう行うことが大切である。「『指導と評価の一体化』のための学習評価に関する参考資料」（国立教育政策研究所）において，学習評価の改善の基本的な方向性として，以下の３点があげられている。

① 児童生徒の学習改善につながるものにしていくこと

② 教員の指導改善につながるものにしていくこと

③ これまで慣行として行われてきたことでも，必要性・妥当性が認められないものは見直していくこと

### （2）学習評価の方法

学習評価は，場面や学習内容に応じていくつかの方法を用いて多面的に評価

することが大切である。どの場面で，どんな方法で評価するのか，あらかじめ計画を立てておくことが必要である。

### a．観察法

教師があらゆる学習場面において，子どもの活動状況や態度を観察する。この観察は評価にとって重要な資料となる。子どもの行動を観察し，評価規準に照らしてその状況を評価することが大切である。

評価をするための観察に追われて適切な指導ができないと，何のために評価しているのかわからなくなってしまう。評価すべき行動や状態をあらかじめ規定しておくことや，行動を予測しておくことが必要である。

### b．面接法

面接法は，児童生徒と直接向き合い会話を交わすことで，児童生徒の「生の情報」を入手することができる。児童生徒の感情や態度を知ることもできる。しかし，無口な児童生徒や教師との関係が良好でない児童生徒からは情報が得にくい場合がある。その種類には，個別面接と集団面接がある。

### c．ポートフォリオ評価

ポートフォリオとは，子どもの学習活動の過程や成果などの記録や作品を計画的に集めたものである。このポートフォリオを用いて，学びのプロセスや成果を長期的に評価する。子どもの自己評価を尊重しながら，子ども同士の相互評価や教師のコメントなども加えながら多面的に評価する。長期の指導計画を実施する際や，思考力・判断力・表現力のような長期間をかけてはぐくむ能力の評価には有効な評価方法の一つである（詳細は第９章）。

### d．パフォーマンス評価

パフォーマンス評価は，習得した知識・技能を使いこなす能力を評価することである。評価の方法には，日常的な観察や対話による評価，自由記述式の問題による筆記テストや実技テストによる評価，パフォーマンス課題（完成作品や実演）による評価が含まれる。

## 2．価値基準の見方と分類

### （1）目標に準拠した評価（絶対評価）

絶対評価は，教科の目標や単元の目標に照らして，具体的に分析し設定した目標にどれだけ近づいたかを評価する。児童生徒の自己効力感，自尊感情，学習意欲などを高める効果が期待できる。また，教育目標の達成度を評価するので，評価結果を踏まえて，次にどのような指導を行えばよいかが明確となる。

留意点としては，手順が煩雑であり，教師の主観性の強い評価になるなど解釈が恣意的になることがある。

〈手順〉

① 単元目標を細分化し，観点ごとに評価項目を設定する。

② 評価項目について達成度の段階的な指標を設ける。

③ 単元末，学期末，学年末に，評価結果を総括する。

### （2）集団に準拠した評価（相対評価）

相対評価は，他者と比べる評価方法である。集団内での個人の相対的な位置を示す。児童生徒の所属する集団で，成績水準に基づき個人の成績を解釈する評価である。

自分の適性や能力は，他者との比較によって自覚されやすい。相対評価の良さを生かし，必要に応じて，またその目的によって使い分けることが必要である。

相対評価を活用する際には，ゆがんだ分布を示す場合や小さな集団では適用することができない場合があること，児童生徒全員が努力して高い目標に到達しても，相対的に評価されるため低い評価にならざるを得ないなど，十分客観的とはいえないこともある。また，児童生徒の学習意欲や自尊感情が低下する場合があることに留意しなければならない。

### （3）個人内評価

個人内評価は，その個人自身を比べる評価である。児童生徒の個人内差異に着目する評価のことであり，個人としての長所や短所を示す評価である。児童生徒は一人ひとり個性のある存在であり，個人としての特徴を捉えた評価がますます重視されるべきといえる。

個人内評価として２つの方法がある。

① 過去の成績を基準にして進歩の程度を評価する「縦断的評価」

② 教科間や観点間での評価をする「横断的評価」

個人内評価は，目標に準拠した評価や集団に準拠した評価と対立するものでなく，それらを補完し教育指導の充実を図るものである。

## ３．指導要録における評価の考え方

### （1）3観点評価

新しい学習指導要領の目標や内容が資質・能力の三つの柱で示されたことにより，観点別学習状況の評価の観点は，「知識・技能」「思考・判断・表現」「主体的に学習に取り組む態度」の３観点に整理された（従前は，「関心・意欲・態度」「思考・判断・表現」「技能」「知識・理解」の４観点であった）。

#### a．「知識・技能」の評価の方法

「知識・技能」の評価の考え方は，従前の評価の観点である「知識・理解」「技能」においても重視してきたところである。具体的な評価方法としては，例えばペーパーテストにおいて，事実的な知識の習得を問う問題と知識の概念的な理解を問う問題とのバランスに配慮するなどの工夫改善を図る等が考えられる。また，児童生徒が文章による説明をしたり，各教科等の内容の特質に応じて，観察・実験をしたり，式やグラフで表現したりするなど実際に知識や技能を用いる場面を設けるなど，多様な方法を適切に取り入れていくこと等も考

えられる。

### b．「思考・判断・表現」の評価の方法

「思考・判断・表現」の評価の考え方は，従前の評価の観点である「思考・判断・表現」においても重視してきたところである。具体的な評価方法としては，ペーパーテストのみならず，論述やレポートの作成，発表，グループや学級における話し合い，作品の制作や表現等の多様な活動を取り入れたり，それらを集めたポートフォリオを活用したりするなど評価方法を工夫することが考えられる。

### c．「主体的に学習に取り組む態度」の評価の方法

評価にあたっては，児童生徒が自らの理解の状況を振り返ることができるような発問の工夫をしたり，自らの考えを記述したり話し合ったりする場面，他者との協働を通じて自らの考えを相対化する場面を，単元や題材などの内容のまとまりの中で設けたりするなど，「主体的・対話的で深い学び」の視点からの授業改善を図る中で，適切に評価できるようにしていくことが重要である。

具体的な評価方法としては，ノートやレポート等における記述，授業中の発言，教師による行動観察や，児童生徒による自己評価や相互評価等の状況を教師が評価を行う際に考慮する材料の一つとして用いることなどが考えられる。その際，各教科等の特質に応じて，児童生徒の発達の段階や一人ひとりの個性を十分に考慮しながら，「知識・技能」や「思考・判断・表現」の観点の状況を踏まえたうえで評価を行う必要がある。

評価については，3観点，それぞれ，A，B，Cの3段階で評価する。

A「十分満足できる」　B「おおむね満足できる」　C「努力を要する」

## (2) 評定

観点別学習状況の評価を総合し，各教科の目標をどれだけ達成しているかを総括的に評価するものが評定である。小学校では3段階，中学校では5段階で評価する。3段階は1から3で，5段階は1から5で表す。

小学校
3「十分満足できる」　2「おおむね満足できる」　1「努力を要する」

中学校
5「十分満足できるもののうち，特に程度が高い」　4「十分満足できる」
3「おおむね満足できる」　2「努力を要する」　1「いっそう努力を要する」

### （3）計画と評価規準

評価規準とは，観点別評価状況の評価を的確に行うため，学習指導要領に示す目標の実現の状況を判断するものである。目標に対する児童生徒の学習状況を把握するには必要不可欠である。また，目標を「おおむね満足できる」を評価規準とすることが大切である。

次に単元の評価規準を「知識・技能」「思考・判断・表現」「主体的に学習に取り組む態度」に分けて設定し，単元の評価計画と単元の展開計画を合わせて作成することが大切である。

### （4）指導と評価の一体化

指導と評価を切り離さず，指導の成果を確かめるために評価を行い，その結果を活かして指導を修正しながら展開する。それによって，目標の実現を図る。これは，指導と評価とは別物ではなく，評価によって後の指導を改善し，新しい指導の成果を再度評価するという一連の活動である。この指導に生かす評価のことを「指導と評価の一体化」という。

例えば，漢字テストでは，「採点 → 記録 → 返却時 → 誤答分析 → 指導を振り返る → 修正 → 指導」を行う。このように，学習成果を確かめながら指導の軌道修正を行い，目標の実現のための手立てを臨機応変に講じていくことが大切である。

## 4．価値による分類

### （1）自己評価

自己評価は，児童生徒が学習目標に向けて行った努力の過程やその成果に対して，自らが評価をすることである。自己評価は児童生徒の内的基準に沿って進められることから，自己強化を促す効果が大きい。つまり，学習を自発的に，そして自主的に行うようになるという長所がある。

### （2）相互評価

相互評価は，児童生徒同士が互いの努力やその成果を確かめ合う評価活動のことを指す。相互評価を取り入れる際の留意事項としては，評価が否定的または矯正的なフィードバックに集中しがちになってしまうことである。そのため，かえって学習意欲を低下させる場合があることに留意しなければならない。評価にあたっては，互いに良いところに注目して評価するよう指導することが大切である。

### （3）他者評価

一般的に学校における他者評価とは，教師による評価であり学習評価の中心である。時には，研究目的で評価が行われることもある。

### （4）カリキュラム・マネジメント

カリキュラム・マネジメントとは，各学校が教育課程（カリキュラム）の編成，実施，評価，改善を計画的かつ組織的に進め，教育の質を高めることである。

PDCA は民間企業でもよく使われる言葉である。P は計画（Plan），D は実施（Do），C は評価（Check），A は改善（Action）を指し，このサイクルを回して絶え間なく学校教育の質を高めていくことが大切である。

子どもたちにどのような資質を身につけさせたいかを明確にした学校の全体構想をまとめ，それに基づいて教育課程の内容を詰めていく必要がある。

また，どうやって子どもたちに主体性を持たせ，深い学びを実現するかを学校全体で検討するとともに，教員一人ひとりがカリキュラム・マネジメントへの理解を深める必要がある。

■参考文献

文部科学省国立教育政策研究所教育課程研究センター（2019）学習評価の在り方ハンドブック：小・中学校編

長尾篤志（2020）新学習指導要領に対応した学習評価（小・中学校編）独立行政法人教職員支援機構　https://www.nits.go.jp/materials/youryou/033.html（最終閲覧2023-11-29）

# 第7章 学習指導の概要

## 1．教育思想の変遷

### (1) 欧米の教育者

#### a．コメニウス（Comenius, J.A.： 1592－1670）

・チェコのコメニウスは「近代教授学の父」といわれている。
・学級一斉授業の発見，単線型の学校制度の提唱，言語教授法を中核とした教授法の改善，など近代教育の諸問題を予言している。
・近代的な学習指導の理論体系は，コメニウスによって成立した。
・主著『大教授学』には，すべてのことを，すべての人々に教えるための普遍的な技術を提示している。
・『大教授学』によると，普遍的な技術とは「確実に，面白く，わずかな労力で，早く教授するための新しい方法論」のことである。
・1658年に出版した『世界図絵』は，世界初の絵入り言語教科書である。この本は，視覚に訴えるものである。具体的には，ページには絵があり，その下に絵を説明する単語や文章が示されているという構成である。

#### b．ルソー（Rousseau, J.J.： 1712－778）

・フランスで活躍したルソーは，新教育への道を開拓した最高の教育思想家といえる。
・ルソーの教育思想は，児童中心主義であり，加えて，合自然，直観，労作，自発性，経験などの原理，社会性や公民教育，公教育の理論など，近代教育のあらゆる問題を包含している。

・「合自然」とは，「自然の教える道を辿っていけ」ということであり，これはルソーの教育方法論を貫く根本原理である。子どもの成長はそれぞれが固有の意味をもち，子どもは決して「大人への準備」「大人を小型にしたもの」ではなく，「子どもは小さな大人」でもない。ルソーの児童中心主義は，知識の注入よりも自発活動，言語主義より経験主義という新しい教育の宣言である。

・『エミール』（1762）の書き出しは，「万物を作る者の手を離れるときはすべて良いものであるが，人間の手に移るとすべてが悪くなる」である。この言葉は教育を否定したのでなく，生まれつき子どもがもっている内的傾向性をゆがめずに発展させることが教育の目的であると考えたからである。

・ルソーの教育思想は，ペスタロッチ（Pestalozzi, J.H.），フレーベル（Fröbel, F.W.A.），ヘルバルト（Herbart, J.F.）などの教育学者に大きな影響を与えた。

### c．ペスタロッチ（Pestalozzi, J.H.：1746－1827）

・スイスのペスタロッチは教育の実践家でもあった。

・ペスタロッチは著書『隠者の夕暮れ』の冒頭で，「人間，玉座にあっても，木の葉の屋根の陰にあっても同じ人間，その本質における人間，彼は一体何であるか」と問いかけた。

・ペスタロッチは人間を全体としての人間と捉え，頭（思考力，精神力），心（道徳力，心情力），手（技術力，身体力）の３つの根本能力のバランスを重視し，調和のある人間全体にさせることを主張した。

・「知育，徳育，体育」の調和的発達が具体的な教育の目的であると考えた。

・「開発教授」を主張した。これは暗記中心の教授法に対立するもので，子どもがもっている諸能力を発展させていくことに重点をおいた教授法である。

・直観はすべての認識の基礎であるという「直観教授法」を主張した。日本では明治の初めに，ペスタロッチ主義による教育運動が展開され，高峯秀夫，伊沢修二らによって広がった。

### d．ヘルバルト（Herbart, J.F.：1776－1841）

・ドイツのヘルバルトは科学的教育学の建設者といわれる。

・教育は単なる常識や経験，習慣によって行われるのでなく，科学的な基礎が必要であるとして，科学的，体系的な教授学を打ちたてた。

・ヘルバルトは，教育目的を実践哲学（倫理学）に，教育方法を心理学によって基礎づけた。教育学をひとつの科学として位置づけ，教育学の体系化を推し進めた。

・ヘルバルトは，学習過程を分析し，4段階（明瞭—連合—系統—方法）の教授段階説を提示した。これは，学習指導の過程を初めて論理的に体系化したものである。

### e．デューイ（Dewey, J.：1859－1952）

・アメリカのデューイはプラグマチズムに基づいた新しい教育哲学を確立し，子どもの経験や活動を重視する教育方法の展開など「進歩主義教育の父」といわれている。

・デューイは，著書『学校と社会』において「このたびは子どもが太陽となり，その周囲を教育の種々の営みが回転する。子どもが中心であり，この中心の周りに諸諸の営みが組織される」と述べ，児童中心主義的な教育観を明確に示した。学校では，生活することが第一であって，この生活をとおして学習が行われなければならない。学校は社会から隔離された場所でなく，社会生活の「ひな型」として考えねばならない。

・デューイの「なすことによって学ぶ（learning by doing)」は，その学習指導の方法原理である。

・デューイは，問題解決の思考過程を5つの段階に分けている。

①　問題を感じ取る。

②　問題意識を明確化する。

③　仮説可能な解決策を考える。

④　種々の関連から仮説を吟味し発展させる。

⑤　仮説を検証し結論を下す。

・日本で問題解決学習が盛んに実践されたのは，終戦後の 1940 年代末から 1950 年代である。主として社会科の授業において，社会問題の認識とその解決策を児童生徒に学ばせるという方法で実践された。最初は生活単元学習であった。

・問題解決学習は，1950 年代後半になると，知識の客観的な学習にとって不十分だという批判が高まり，次第に系統学習に取って代わられるようになった。近年，これら 2 つの学習を対立的に捉えるのではなく，問題解決学習の手法を系統学習に取り入れて，児童生徒の学習の活性化を図る学習方法として実践されている。

### f．ブルーナー（Bruner, J.S.： 1915－2016）

・アメリカの心理学者である。

・1960 年代以降，学問が急速に発達したのに対して学校教育の立ち遅れが指摘された。それを克服するため「教育の現代化」が主張されるようになった。ブルーナーは「教育の現代化」推進の中心者である。

・「教育の現代化」とは，教育内容の現代化であり，日本においてもその基本動向に沿って，1968（昭和 43）年，1969（昭和 44）年に学習指導要領が改訂された。

・ブルーナーは発見学習を主張した。発見学習とは，系統的な説明や学習プログラムによって指導するのでなく，学習者が自ら学ぶべき問題を見いだし，その解決のための仮説を立て，実証的に検証することにより学んでいくものである。日本でも，理科の授業法として展開されてきた。板倉聖宣（きよのぶ）の「仮説実験授業」は代表的な実践例である。

・発見学習の学習過程は，①課題把握の段階，②仮説設定の段階，③仮説を練り上げる段階，④仮説の検証の段階，⑤仮説の一般化とまとめの段階，である。このような学習過程は，科学者が発見や発明する過程に似ているといわれ，実際の学習場面では主に新しい概念や原理を習得させる場合に役立つ。

## （2）日本の教育者

### a．吉田松陰（1830－1859）

・幕末期の思想家，教育者で，長州藩において私塾「松下村塾」を主宰した。塾生たちと寝食を共にし，共に学び，共に考える教育を実践した。安政の大獄で捕らえられるまでのわずか２年余の間に，高杉晋作，久坂玄瑞，伊藤博文，山県有朋など幕末維新期に活躍する数多くの人材を育てた。

・吉田松陰は，「人賢愚ありと雖も各々一二の才能なきはなし。湊合して大成する時は必ず全備する所あらん」と述べた。

### b．福沢諭吉（1834－1901）

・明治時代の啓蒙思想家であり，慶應義塾の創設者である。緒方洪庵の「適塾」で蘭学を学ぶ。その後，幕府の使節として欧米に３度渡航し『西洋事情』などの著作をとおして欧米文化を紹介。日本の近代化に多大な貢献を果たした。

・『学問のすすめ』の中で，「ただ学問を勤めて物事をよく知る者は，貴人となり富人となり，無学なる者は貧人となり下人となるなり」と述べた。

### c．新渡戸稲造（1862－1933）

・不朽の名著「武士道」の著者であり，教育者，そして真の国際人でもある。「われ，太平洋の架け橋とならん」と志し，アメリカ留学を終え帰国し，母校札幌農学校（現・北海道大学）教授となった。旧制一高（現・東京大学教養学部）校長さらに，東京女子大学の初代学長に就いた。その後，国際連盟事務次長となり，国際舞台で活躍した。

・教え子の森本厚吉が創立した女子経済専門学校（現新渡戸文化学園）の初代校長となった。その際，教職員に示した心得の第一は，「人の子を預かる以上は親心を以てこれに対すること」であった。

### d．大村はま（1906－2005）

・東京女子大学に学び，卒業後，諏訪高等女学校に赴任した。以後 50 年上にもわたって教育現場での実践指導にあたった。

・「大村式単元学習」をはじめとする独自の教育手法は，その後の日本国語教育に大きな影響を与えた。『大村はま国語教室』『教えるということ』『日本の教師に伝えたいこと』など多数の著書がある。

・ 大村はまは，「本当に空々しい答え方というのでしょうか，わかりきっていることをわかりきった調子で得々と言ったりするのは，避けなければなりません」と述べた。

### e．斎藤喜博（1911－1981）

・昭和の教育実践者である。群馬師範学校卒業後，小中学校教諭を経て，佐波郡島村の島小学校長に就任した。11 年間，この島小学校の校長を務め，公開研究会や実践記録などを通じて独自の「授業づくり」「学校づくり」論を発表した。著書に『授業入門』『君の可能性』『斎藤喜博全集』などがある。

・斎藤喜博は，「授業はそういうきびしいものである。教師は，教室という土俵のなかで，そういうきびしい授業によって，子どもと対決して勝負する」と述べた。

## 2．日本の教育の流れ

### （1）明治以前の教育

### a．藩校

江戸時代の武家は，近世社会の支配者であり，また指導者としての地位を保っていた。したがって，それにふさわしい文武の教養をつむべきものと考えられていた。そのために各藩が設けた教育機関が「藩校」であり，藩政の担い手である武家の子弟を教育する場であった。

・郷中教育（薩摩藩，造士館の教育法）

「嘘を言うな，負けるな，弱いものいじめをするな。」

・什の掟（会津藩，日新館の教育方法）

「年長者の言ふことに背いてはなりませぬ。年長者にはお辞儀をしなければなりませぬ。虚言を言ふ事はなりませぬ。……ならぬことはならぬものです。」

### b．寺子屋

寺子屋は，庶民の子どもが読み・書きの初歩を学ぶ簡易な学校であり，江戸時代の庶民生活を基盤として成立した私設の教育機関である。町人や農民等の子どもたちは，読み・書き・そろばんに加えて生活に必要な基礎学力の獲得に努めた。

## （2）明治以降の教育

### a．明治時代

- 1872（明治5）年に「学制」が公布された。小学校を義務化し，国民皆学を目指した。大学区，中学区，小学区を設けた。明治政府からの改革で急激ではあったが，日本の近代社会は身分制の否定を建前に成立した。
- 1879（明治12）年に，学制を廃止して「教育令」を公布した。政府はアメリカを視察し，教育制度を学んだ。
- 1881（明治14）年に，文部省通達として「小学校教員心得」が発表される。その内容は，①国家の隆盛は普通教育の弛長による，②それは小学校教員の良否による，③注入主義が中心となる，というものである。
- 1890（明治23）年に，日本の教育の基本方針を示した明治天皇の勅語である「教育勅語」が発布され，国民道徳の支柱として位置づけられた。
- 明治20年代に，ヘルバルト派の教授法（系統学習・教師主導型）が導入され，明治30年代に教育の注入主義，画一化が進んだ。

### b．大正時代

- 大正自由教育：欧米の教育界の影響が伝わる。大正デモクラシーといわれる。
- 一斉画一的な教育を，子どもの興味関心を中心とする子ども中心主義の教育観での授業を実践した。教育方法として「ドルトンプラン」「生活綴方教育」などがあった。

・新学校の誕生：この時代に，玉川学園，明星学園などの新しい学校が誕生した。

・川井訓導事件（1924 年）：長野県の松本女子師範附属小学校の訓導であった川井清一郎が，修身の授業で国定教科書を用いなかったことを理由に休職処分とされ，退職に追い込まれた事件。

#### c．昭和時代

・1941（昭和 16）年に，「国民学校令」が公布され，小学校から国民学校へ変わる。建国の人材を広く国民から登用する。近代国家の確立により，教育は自由主義の流れから中央集権国家主義へと変わっていった。

#### d．戦後の教育

・1947（昭和 22）年に，「6 ・ 3 ・ 3」制の教育制度が導入された。

・デューイによる課題解決学習が導入された。

・「受験戦争」「ゆとり教育」「総合的な学習の時間」などの現象が現れた。

## 3．現代の教育

### （1）現代社会と学校教育のあり方

現在の日本社会は，生産年齢人口の現象，グローバル化の進展や絶えまない技術革新等により，社会構造や雇用環境は大きく，また急速に変化し予測困難な時代を迎えている。また，急激な少子高齢化が進むなかで成熟社会を迎えたわが国にあっては，一人ひとりが持続可能な社会の担い手として，その多様性を原動力とし，質的な豊かさを伴った個人と社会の成長につながる新たな価値を生み出していくことが期待されている。

このような時代にあって，学校教育には，子どもたちがさまざまな変化に積極的に向き合い他者と協働して課題を解決していくことや，さまざまな情報を見きわめ知識の概念的な理解を実現し情報を再構成するなどして新たな価値につなげていくこと，複雑な状況変化のなかで目的を再構成することができるようにすることが求められている。

## (2) 学習指導要領とは

学習指導要領は，各学校が編成する教育課程（カリキュラム）の基準となるものであり，その「総則」で教育課程全般にわたる配慮事項や授業時数の取扱いなどについて，また，教科等ごとに，それぞれの目標，内容，内容の取扱いになどについて定めている。

グローバル化や急速な情報化，技術革新など，社会の変化を見据えて，子どもたちがこれから生きていくために必要な資質や能力について見直しを行い，およそ10年に１度改訂されている。

### a．学習指導要領の役割

学習指導要領が果たす役割の一つは，公の性質を有する学校における教育水準を全国的に確保することである。

### b．学習指導要領の基準性

学習指導要領に示している内容は，すべての児童生徒に対して確実に指導しなければならないものであると同時に，児童生徒の学習状況などその実態等に応じて必要がある場合には，各学校の判断により，学習指導要領に示していない内容を加えて指導することも可能である。

## (3) 学校教育において育成すべき資質・能力

### a．「生きる力」

「生きる力」とは，1996（平成8）年７月の中央教育審議会の答申において，基礎・基本を確実に身に付け，いかに社会が変化しようと，自ら課題を見付け，自ら学び，自ら考え，主体的に判断し，行動し，よりよく問題を解決する資質や能力，自らを律しつつ，他人とともに協調し，他人を思いやる心や感動する心などの豊かな人間性，たくましく生きるための健康や体力であるとしている。

また，2008（平成 20）年に改訂された学習指導要領においては，新しい知識・情報・技術が社会のあらゆる領域で重要性を増す，いわゆる知識基盤社会において，確かな学力，豊かな心，健やかな体の調和を重視する「生きる力」を育むことがますます重要になっているという認識が示された。

2017（平成 29）年に告示された現行の学習指導要領においても，子どもたちに「生きる力」を育成することを掲げ，各学校が創意工夫を生かした特色ある教育活動を通して，「生きる力」の３つの要素である「確かな学力」「豊かな心」「健やかな体」を育むことを目指すことが示されている。

### b．「生きる力」を育むにあたって育成すべき資質・能力の３つの柱

子どもたち一人ひとりが，複雑で予測困難な社会の変化に主体的に向き合って関わり合い，その過程をとおして，自らの可能性を発揮し，より良い未来の創り手となる力を身につけられるようにすることが大切であり，これからの社会において必要となる知・徳・体のバランスのとれた「生きる力」を，これまで以上に育成することが求められている。

「生きる力」を育むにあたっては，各教科等の指導を通してどのような資質・能力の育成を目指すのかを明確にしながら教育活動の充実を図ること，その際には生徒の発達段階や特性等を踏まえ，「知識及び技能」の習得と「思考力，判断力，表現力等」の育成，「学びに向かう力，人間性等」の涵養という，資質・能力の３つの柱の育成がバランスよく実現できるように留意する必要がある。各教科等の指導にあたっては，資質・能力の３つの柱をバランスよく実現するために，単元や題材などの内容や時間のまとまりを見通しながら，「主体的・対話的で深い学び」の実現に向けた授業改善が重要である。

■参考文献

藤田主一（編著）（2020）基礎から学ぶ教育の方法と技術　樹村房
文部科学省（2017）小学校学習指導要領解説　総則編
文部科学省（2017）中学校学習指導要領解説　総則編
文部科学省（2018）高等学校学習指導要領解説　総則編

# 第8章 学習と学習指導

## 1．学習の理論

### （1）学習とは

学習とは，一般には「“学”校で勉強を“習”うこと」というように捉えられているが，心理学では専門用語として存在している。両者は，心理学で定義されている学習を基に，その展開として系統的に学ぶ（勉強する）という関係である。または，系統的に学ぶという学習の基礎的な理論として心理学の学習の理論があるという関係である。

心理学において学習とは，「経験により比較的永続的な行動変化がもたらされること，およびそれをもたらす操作，そしてその過程」と定義される。学習は反射（原始反射や，獲得されるものではなく，経験によって後天的に獲得される行動様式である。それは，合理的な思考や行動や技術などの自らにとって都合がよいとされる行動様式だけではなく，心理的な作用によって非合理的なものを獲得することも含む。

ここでは，心理学での基本的な学習について取り上げて説明する。

### （2）学習の連合理論

学習の連合理論とは，何らかの刺激とそれに対する反応がつながる（連合する）ことで学習が成り立つというものである。代表的な理論は，以下のとおりである。

### a．古典的条件づけ（レスポンデント条件づけ）

ロシアのパヴロフ（Pavlov, I.P.）によって提唱され，パブロフ型条件づけ（以前の条件反射）といわれることもある。例えば，犬に対して鐘を鳴らした後に餌を与えることを続けると，鐘を鳴らしただけで唾液が分泌されるようになる。この時，学習が成立する前の鐘の音は無条件刺激，餌が口の中に入ることによる唾液反応は無条件反応というが，学習成立後は鐘の音は条件刺激，唾液反応は条件反応という。いわば，本人が気づかないうちに学習が成立していたということである。

### b．試行錯誤説

アメリカのソーンダイク（Thorndike, E.L.）によって行われた実験が有名である。この理論は後にスキナーの道具的条件づけに引き継がれる。ソーンダイクはネコを箱（問題箱）の中に入れ，外に出るまでの時間を繰り返し測定した。問題箱は踏み台を踏むと開錠する仕組みになっており，外には餌を置いた。試行を繰り返すうちに踏み台を踏んで外に出る時間が短縮された。このことから，学習が成り立つためには何らかの効果（自分にとって良いこと）をもたらすことが必要であるとする「効果の法則」を提唱した。なお，ソーンダイクは「教育心理学の父」と呼ばれている。

### c．道具的条件づけ（オペラント条件づけ）

アメリカのスキナー（Skinner, B.F.）によって提唱された。餌を獲得しようとするネズミのレバー押しの実験が有名である。古典的条件づけとは違って鐘などの誘発刺激がなく，餌（報酬）を得ようと自発的にレバー押しの行動が促進（強化）されるというものである。また，レバーを押しても餌が出ないようになると，レバー押し行動はなくなる（消去）。この実験を基にスキナーは，常に報酬が得られるよりも，たまに報酬が得られた時のほうが自発的な行動が強化されることを発見した。

### （3）洞察説

学習は試行錯誤的に行われるのではなく，さまざまな情報の統合によって解決の見通しを立てるというものである。ドイツのケーラー（Kohler, W.）は，類人猿（チンパンジー）が檻の天井に吊るされたバナナを，遊び道具としてあった箱を積み重ねて上り，木の棒を使って取ることを観察した。これは試行錯誤をしているのではなく，どのようにすればバナナを取れるのかについて考えているとして洞察説を提唱した。また，迷路学習で有名なアメリカのトールマン（Tolman, E.C.）は，目的に対してその手段が結びつくとしたサイン-ゲシュタルト説を提唱している。つまり，それまで遊び道具であった箱や木の棒は，バナナを取るという目的と箱や棒をその道具として使用するという手段が結びつくという考え方である。

### （4）観察学習

観察学習は，カナダのバンデューラ（Bandura, A.）によって提唱された。直接的に体験しなくても，他者（モデル）の行動を観察することにより学習されるというものであり，他者の影響を受けて行動を習得していくという社会的学習理論に基づく。モデル（手本）を観察するため，モデリングと呼ばれることもある。例えば，体育の授業で何らかの理由により見学させる場合，仲間の動きからコツをつかませることがねらえる。

## 2．学習指導の原理

### （1）学習指導とその原理

教師は，全国どこの地域でも一定の水準の教育が受けられるために定められた学習指導要領に従って，子どもたちの学習を支援している。学習指導は，もともと教授法と呼ばれてきたものが，習得した知識や技能を用いていろいろな問題を適切に解決していくことが重視されたため学習指導法と呼ばれるようになった。その背景には，教師の教え方に主眼を置かれていたものから，子どもたちの理解に焦点があてられるようになって研究が発展したことがあげられる。教師は，子どもがきちんと学んでいけることに全力を傾けていることは言うまでもない。しかし，あくまで学ぶのは子どもであり，理解するのは子どもである。このことからも先人たちは，効果的な学習指導を行うために経験や指導実践から教授方法を工夫し，より良い教育の実践を目指してきた。どんなに素晴らしい事柄を教えても，どんなに熱心に教えても，子どもが理解できなければ意味をなさない。子どもが学習内容を理解できる指導が本当の意味での学習指導であり，そこには考慮すべき原理が存在している。

### a．興味・動機づけの原理

学習は経験によって生じる比較的永続的な行動の変容であり，学習者の意欲的な活動をとおして行われるもの，つまり子どもたちの興味によって動機づけられた結果として成り立つものである。興味をもちやすい条件として，①以前に経験して成功したということがあるもの，②成功の見込みがあるもの，③楽しいと感じるもの，④難易度がその子ども自身の水準に合っているもの，⑤目新しく興味をひくもの，などが挙げられる。

### b．自主性の原理

子どもたちの自発的な活動や直接的な経験を重んじ，体験により学習を進めることを目指す考え方である。自己活動の原理と呼ばれることもあり，活動を身体的なものとみるのか精神的なものとみるのかによって，作業方法を重視するものと知的活動を重視するものに分かれる。

### c．個別化（個性化）の原理

子どもたちの能力や適性には個人差があり，それによって学習の内容や，教え方などを変えなければならない。それは単に，興味，関心という視点のみから捉えるのではなく，仲間と協力して共同的な生活をつくりあげる過程で，その活動に積極的に参加し，自らの役割を果たすことで集団の一員として貢献するという観点から位置づけられる。「ひとり学習」または「独自学習」といわれる学習指導の原理は，この考え方を前提としている。なお，子どもの適性により指導法などの処遇方法を変えることで成績に影響が生じる適性処遇交互作用も，この原理を説明できるものである。

### d．直観の原理

教育者として知られているペスタロッチ（Pestalozzi, J.H.）は，暗記などのいわゆる知識の詰め込み教育を批判し，直観（直接観ること）こそがすべての認識の絶対的な基礎であるという直観教授を実践した。さまざまな活動から五感に訴え，子どもの直観を促して直接的に物事を把握させ，明瞭な印象を与える。そして，その物事を明瞭な概念にまで高めることが教師の責務であるというものである。

### e．社会化の原理

効果的な学習は，学習が行われる社会場面と重要な関係をもっているという前提のもとで，子どもたちの体験や経験を最大限に生かし，それらをつなぎ合わせて社会人として教育していくという考え方である。これには，学校での経験と学外での経験を結びつけるものと，教師と学級全員で問題（学習内容）を解決することで協力的に学習を進めるものとがある。

### f．マーセル（Mursell, J.L.）による学習心理学の立場からの原理

アメリカのマーセルは音楽教育に心理学を導入し，以下の原理について提唱した。

① 関連の原理：文脈の原理ともいわれ，効果的な学習は意味のある関連のなかで進めなければならない。

② 焦点の原理：焦点化の原理とも呼ばれ，効果的な学習は，一つの焦点を中心として組織されなければならない。

③ 系列の原理：学習の系列自体が意味のあるものでなければならない。

④ 評価の原理：学習のすべての面を正しく見きわめて評価することによっ

て大きな効果が得られる。

## （2）教師と児童生徒の役割・関係による学習法

学校の授業において，教える側の教師と学ぶ側の子どもは，互いに独立しているのでなく，相互に影響し合うことで学習が成り立つものである。基本的に教師が先導して授業は進められていくが，そこにはさまざまな概念的特徴・方法・形態が存在する。

### a．講義法

教師が児童生徒の前で学習内容を説明し，児童生徒がそれを聞くことによって学習が進められるというものであり，一般的な授業といえる。講義法の利点は，一度に多くの児童生徒に多くの情報を与えられるということである。しかし，教師が意図している内容と児童生徒が理解している内容が合致していない場合には学習の効率は上がらない。また，一度に大勢の児童生徒を相手にするため，受動的な授業になってしまうことや，またどの児童生徒のレベルに合わせるかという問題が生じる。

### b．討議法

**パネルディスカッション**　代表討議法ともいわれることもあり，提示されたテーマについて異なる意見をもった代表者（パネリスト）が選定され，討議をするものである。司会者によって討議が進められ，基本的にはパネリスト以外は討議を聞く側になる。最終的にフロアーの聴衆者と質疑応答しながら，全体討議となることもある。これと類似したものにシンポジウムがある。シンポジウムはギリシャ語の饗宴（宴会）を語源としており，公の場での討論会を指している。一般的には，シンポジウムのなかにパネルディスカッションを設定するという関係性として知られる。

**バズ学習**　バズ学習は，学級内の６名ぐらいを１つのグループとして，互いの協力的な活動やコミュニケーションを図ることを目的とした小集団学習（グループ学習）である。バズ学習のバズは“buzz”からきており，子どもたちが討議を始めると蜂や機械がブンブンとうなる音に似ていることが名称の由来とされる。一般的にグループ内で6分間の討議をし，その結果をクラス内で発表して，さらにクラス全体で討議する。これをバズセッションという。

**ブレーンストーミング**　アメリカのオズボーン（Osborn, A.F.）によって開発された発想法のことで，司会と5～10名程度のメンバーで話し合いを行い，新たな発想を引き出すことを期待する方法である。これには守らねばならない4つのルールがある。①メンバーのアイデアの批判や評価をしない，結論を出さない，②自由なアイデアを尊重し，奇抜な考え方やユニークなアイデアを重視する，③アイデアの質よりも量を重視し新しいアイデアを歓迎する，④アイデア同士を結合したり，一部を変更したりして新しいアイデアをつくりだしていく，などである。

**ディベート**　ディベートは，一般には討論と同義として扱われるが，ディベートといわれる場合には，説得力を競い争う性質が強くなる。つまり，討論相手に対して，自らの考えの正当性を論じて論破することを目的として行われる。例えば，賛成-反対に分かれて，互いの正当性について議論をすることなどである。

### c．開発教授

教師が一方的に知識を教え込む，いわゆる注入教授が問題とされてきたが，注入教授の対極として用いられるものに，開発教授がある。開発教授は，子ども自身の体験を通じて子ども本来の能力を開発することを目指しており，具体的な事物による直接的な体験を尊重している。ここでの学習は，個々の事柄から一般的な法則を導く帰納的開発法と，一般的法則を個々の事柄に適用させる演繹的開発法によって進められていく。形態としては，①課題法，②問答法，③対話法がある。①課題法は，子どもに問題を与えて自身で解決させるものである。②問答法は，教師と子どもの問答，つまり問いに対して答えることにより教材内容を展開していくものである。③対話法は，教師と子どもが自由に対話し，そのなかで学習を進めていくものである。

## (3) 集団による学習法

### a. 一斉学習

学校における授業の多くは，学級で多数の子どもに対して同時に行われる。このように，学習者全員が，同じ内容を同時に学習することを一斉学習という。一斉学習では，計画的に共通の授業目標を設け，すべての子どもに対して短時間で効率的に教えることができる。また，暗記を中心とした知識の習得に対して有効である。しかし，基本的に学習者の受動的反応での授業となるため，積極性が発揮されにくく，学習態度が消極的になりやすい。さらに，①子どもの個性に着目することが難しい，②一部の成績の優秀な子どもだけが活動的になる，③学級内の連携などが図れず人間関係が構築されにくい，などの問題点も指摘されている。

### b. 小集団学習（グループ学習）

小集団学習（グループ学習）では，学習者同士が班のような小集団（グループ）を形成し，協同的に学習を進める。小集団学習は，一斉学習の問題点を補い，自らが他者との相互協力のなかで積極的にかかわり合うことにより，多面的な思考力や社会性を育むことにもつながる。このような学習効果は，集団のメンバーが互恵的である場合に最大となる。一方，学習に追いつくことができない子どもが出現したり，集団間の成果に差が生じたりすることで学級全体での目標達成が難しくなることも考えられる。そのため，各集団への教師のかかわり方が重要であり，教師は各集団の学習目標や方向性を適切に指導する必要がある。

### c. 全習法と分習法

全習法は，学習するべき課題を初めから全体をとおして学習する方法である。分習法は，学習課題を分割し部分ごとに習得していく方法である。年長者や知的能力が高い者，学習後期の場合は全習法が効果的であり，反対の場合は分習法が有効であることが知られている。これらの方法による学習の効果は，学習者の能力や動機づけ，学習課題の特徴などによって異なるため，状況に応じた学習法の選択が求められる。

### (4) 児童生徒の主体性による学習

#### a．ドルトン・プラン

画一的な形式による一斉学習への反発から，学習者の個人の特性（能力，興味，欲求など）に応じた学習指導法が考案された。アメリカのパーカースト（Parkhurst, H.）が提案したドルトン・プランでは，子どもたち一人ひとりの特性に応じた学習課題や場所を選んだうえで主体的に学習を行い，教師はその助言者となる。これは，自らの興味や関心で自主的に学習を行うことで集中力を高め，他者とのかかわり合いのなかで協調性や社会性を育むという自由と協同の原理に基づいている。

#### b．有意味受容学習

アメリカのオーズベル（Ausubel, D.P.）によると，新しい知識の獲得は，それまで自らが持ち合わせている知識と新しい知識を結びつけ，意味のあるものとして「受容」するという能動的認知過程であり，学習者の主体的なかかわりが重要であるとされる。この立場から，有意味受容学習では，新しい知識を学習する際に，既有の知識との結びつきを促進させる枠組みである先行オーガナイザーが提示される。このように学習材料を有意味化することは，記憶の情報処理プロセスを効率化することにつながると考えられている。先行オーガナイザーには，事前に学習内容について説明する説明オーガナイザーと，既有知識と比較する比較オーガナイザーがある。

#### c．プログラム学習

プログラム学習は，スキナー（Skinner, B.F.）によって提案された学習指導法であり，オペラント条件づけの原理が基礎となっている。具体的には，学習目標に至る過程を小刻みに分割（スモールステップ）したプログラムを設定して学習し，学習者の反応のフィードバックに伴う逐次的な強化により，系統的に目標達成を図る。ティーチング・マシンやプログラムテキストなどが用いられることもある。スキナーは直線型のプログラムを考案したが，より複雑な学習にはアメリカのクラウダー（Crowder, N.A.）による分岐型プログラムが有効とされている。

### d．CAI

プログラム学習は，その後の情報技術の進歩とともにコンピュータ支援教育である CAI（Computer－Assisted/Aided Instruction）に発展した。CAI は，コンピュータによって多数の学習者に教材を提示することで，個別学習と学習指導の自動化・効率化を目的に開発された学習指導法である。今日，コンピュータを用いた学習法としてさまざまな方法やシステムが開発され，現在ではパーソナルコンピュータやタブレット端末などの情報機器を用い，インターネットなどの情報通信技術を駆使した e ラーニングが行われている。

### e．問題解決学習

問題解決学習とは，教師が体系化された知識を伝達するという形ではなく，学習者が問題を意識し，その解決法を設定し，主体的・科学的に解決を進める学習法である。提唱者であるデューイ（Dewey, J.）は，問題解決の過程を，①暗示，②知性化，③仮説，④推論，⑤検証，に分類した。この過程をとおして，学習者の反省的あるいは批判的な思考力を高め，判断や洞察を行う能力を育成することが目的である。

### f．発見学習

学習者自身が学習するべき命題を発見し，科学的に実証するための仮説を設定し検証する方法を発見学習と呼ぶ。アメリカのブルーナー（Bruner, J.S.）によると発見学習とは，①学習課題の把握，②仮設の設定，③実験や観察による仮設の検証，④発展とまとめの一連の過程で行われる。発見学習を具体化した授業としては，設定する仮説について選択肢を与え，事前に討論を行った後に実験や観察によって検証する仮説実験授業が挙げられ，特に理科教育で有効とされている。

### g．適性処遇交互作用

学習者である子どもたちの人格特性，知能指数（IQ），学習スタイル，年齢などの「適性」の違いによって，教材，学習指導法，教室環境などの「処遇」の効果は異なってくる。アメリカのクロンバック（Cronbach, L.J.）は，これを適性処遇交互作用と呼んだ。この適性処遇交互作用は，学習場面においては個人の違いを考慮する必要があり，教師が子どもたちの適性に応じた多角的な授業を展開することで，一人ひとりの学力向上に結びつくことを示唆している。

■引用文献

藤田主一（編著）（2020）基礎から学ぶ教育の方法と技術　樹村房

# 第9章 学びが見える評価方法と学習履歴データの活用

## 1．学びが見える評価方法

中央教育審議会は2016（平成28）年の「幼稚園，小学校，中学校，高等学校及び特別支援学校の学習指導要領等の改善及び必要な方策等について」の答申において，学習評価の意義を以下のように示している。

> 「子供たちにどういった力が身に付いたか」という学習の成果を的確に捉え，教員が指導の改善を図るとともに，子供たち自身が自らの学びを振り返って次の学びに向かうことができるようにするためには，この学習評価の在り方が極めて重要であり，教育課程や学習・指導方法の改善と一貫性を持った形で改善を進めることが求められる。（下線は筆者による）

つまり，学習評価は成績をつけることだけが目的ではなく，子どもたち自身が自らの学びを振り返り，次の学びに向かうことができるような工夫が求められる。このためには，子どもたち自身が学習活動における到達目標を理解し，現時点での学習状況を把握することが必要である。また，同答申では，ペーパーテストの結果のみを学習評価とするのではなく，指導と評価の一体化を図ることを目的として，パフォーマンス評価を取り入れ，多面的・多角的な評価を行うことの重要性が述べられている。パフォーマンス評価とは，「ある特定の文脈のもとで，様々な知識や技能などを用いて行われる人のふるまいや作品を，直接的に評価する方法」（松下，2007）であり，レポートやスピーチ，プレゼンテーションなど知識やスキルを使いこなすことを求める課題（パフォー

**表9-1　ふつうのテストとパフォーマンス評価の比較**（松下，2007を一部改変）

| | ふつうのテスト | パフォーマンス評価 |
|---|---|---|
| 評価手段 | ペーパーテスト | 具体的活動，ペーパーテスト |
| 解答形式 | 択一式，簡単な記述式 | 自由記述式（ペーパーテストの場合） |
| 問題数 | 多い | 少ない |
| テストの性格 | 限られた時間内に解かせるスピードテスト的性格 | 時間はたっぷり与えてもてる力が十分発揮されるようなパワーテスト的性格 |
| 評価尺度 | 比較的限定された学力を，一元的な尺度で，評価する（正誤の二分法） | 複合的な学力を，多次元的な尺度で，評価する（複数のレベル） |
| 評価観点の設定時期 | どんな学力をみる問題かをあらかじめ決めておく（採点コードを用いる） | どんな学力が発揮されているかは，事後的に個人ごとに明らかになる（採点と同時並行で作成したルーブリックを用いる） |

マンス課題）を与えて解決・遂行させ，評価する。しかし，論述や作品の制作といったパフォーマンス課題には模範回答がないため，現時点での学習状況が得点として表れるペーパーテストに比べて，到達目標や現時点での学習状況が見えづらいという課題がある。このような課題に対して，到達目標や現時点での学習状況，学習過程を見える化することが求められている。その方法として，ルーブリックやポートフォリオの活用が挙げられる。

### （1）ルーブリック

西岡（2003）によると，ルーブリックとはパフォーマンスの成功度合いに幅があるような場合に用いられる採点指針のことであり，「成功の度合いを示す数段階程度の尺度と，それぞれの尺度に見られるパフォーマンスの特徴を示した記述語（descriptor）から成る評価基準表」である。簡潔にいえば，「教育者が設定したパフォーマンス課題の意図や手順，評価の観点を示している」（津山，2018），「子どものパフォーマンスの質を段階的に評価するための評価基準表」（松下，2007）である。

ルーブリックに関する語句（西岡，2003）
尺度：点数で示されることが多いが，「優」「良」「可」「不可」といった標語が用いられることもある。
記述語：パフォーマンスの質のレベルを規定する基準を示すものであり，場合によっては指標を含む。
指標：評価される特定のパフォーマンスに典型的な行動や形跡。「人をひきつけるような話し方ができる」という基準に対する指標は，「アイ・コンタクトを取る」「快活な声で話す」など。

ルーブリックは，教員の評価基準の共通理解に役立つものであるが，このルーブリックを子どもたちに公開することで，子どもたち自身も学習の到達目標が明確にわかり，現時点での自身の学習到達状況を自己評価することができる。中央教育審議会においても，評価の方針等の共有は，評価の妥当性・信頼性を高めることや子どもたちに各教科において身につけるべき資質・能力の具体的なイメージをもたせることに必要不可欠であり，自らの学習の見通しをもたせ自己学習の調整を図るきっかけとなることが提示されている（中央教育審議会，2019）。

**表 9-2　スピーキング評価のための「ルーブリック」の例「○○について英語で話し，内容に関する質問に答える」**（神奈川県立総合教育センター，2023）

| | 話し方 | 質疑応答 |
|---|---|---|
| A（5点） | 聞き手が十分理解できる速度・声量で話し，理解を促す／確認する工夫をしている。 | 質問を理解し，文の形で応答ができる。 |
| B（3点） | 聞き手が十分理解できる速度・声量で話している。 | 質問を理解し，簡単な応答ができる。 |
| C（1点） | 聞き手が十分理解できる速度・声量で話していない。 | 質問が理解できない，または応答できない。 |
| 備考 | 「理解を促す／確認する工夫」は，強調や自然なジェスチャー／アイコンタクトなどとする。 | 「簡単な応答」は単語，フレーズレベルのものとする。 |

ルーブリック評価の良い点と留意点（神奈川県立総合教育センター，2023）

良い点

〇生徒側：何をどのように努力すべきか理解しやすい。

・事前に観点や基準を知らせておく。事後には診断的効果がある。

〇教員側：何をどのように指導すべきか計画しやすい。

・評価の観点＝授業での指導項目（目標との結びつきを意識する）。

留意点

・作成に時間がかかる。

・複数の教員で使用する場合，段階別基準の共通理解が必要（前年度の例など，基準とできるものがあると良い）。

最初にパフォーマンス課題を用いる場合は，作品を元にルーブリックを作ることができないため，「予備的ルーブリック」を作成することで，目標や評価基準を意識しながら指導にあたることができる。以下に「予備的ルーブリック」の作り方を示す（西岡，2008）。

1. 評価の観点を定める
2. 観点の数に合わせて，書式（表9-3）を用意する
3. それぞれの観点に対応して，「単元の学習前に予想される子どもたちの実態」「単元終了時までに到達させたい合格ライン」「単元終了時に到達させたい理想的な状態」を思い浮かべ，記述語を書く
4. 「3. 優れている」「2. 合格」の記述語が，「永続的理解（原理と一般化）」と対応しているかどうかを確認し，必要に応じて修正を加える

**表9-3 「予備的ルーブリック」の書式**（西岡，2008を一部改変）

| | 観点1 | 観点2 |
|---|---|---|
| 3　優れている | 単元終了時に到達させたい理想的な状態 | |
| 2　合格 | 単元終了時までに到達させたい合格ライン | |
| 1　がんばろう | 単元の学習前に予想される子どもたちの実態 | |

ルーブリックは，学習の到達目標や評価について教員と子どもたちの共通認識を図ることが可能であるが，大学生を対象とした調査では，ルーブリックを活用しても教員と子どもたちの評価にズレが生じる可能性が指摘されており（斎藤・小野・松下，2016），その点を留意して活用しなければならない。教員と子どもたちの評価を近づけるためには，ルーブリックの評価基準に示す記述語の理解と子どもたちの自己評価能力を高めることが必要であり，“工夫がある”などの記述語に対して具体的な工夫の例を紹介すること，教員や子どもたち同士での相互評価を取り入れて客観的に自分の学習状況を捉える機会を設けることなどが求められる（星・越川，2019）。

### （2）ポートフォリオ

西岡（2003）は，ポートフォリオおよびポートフォリオ評価について以下のように説明している。

> ポートフォリオとは，子どもの作品，自己評価の記録，教師の指導と評価の記録などを，系統的に蓄積していくものである。ポートフォリオ評価法とは，ポートフォリオづくりを通して，子どもの学習に対する自己評価を促すとともに，教師も子どもの学習活動と自らの教育活動を評価するアプローチである。

ポートフォリオは，ワークシートやレポート，作文，ノート，テストの結果など子どもたちが学習した過程の記録や成果物である。また，教員や親，子どもたち自身の評価記録や映像や音声によるさまざまな媒体の記録が蓄積される。さまざまな評価記録や媒体が蓄積される背景には，学習過程や検討会，自己評価を重視するというポートフォリオ評価の特徴や，表現方法を子どもたちに選択させたり多面的に表現させたりすることで学力の質を高め評価するという配慮がある（田中，2008）。

西岡（2003）は，ポートフォリオ作成にあたっての留意点として「ポートフォリオ評価法の6原則」を示している。

1. ポートフォリオづくりは，子どもと教師の共同作業である
2. 子どもと教師が具体的な作品を蓄積する
3. 蓄積した作品を一定性の系統性に従い，並び替えたり取捨選択したりして整理する
4. ポートフォリオづくりの過程では，ポートフォリオを用いて話し合う場（ポートフォリオ検討会）を設定する
5. ポートフォリオ検討会は，学習の始まり，途中，締めくくりの各段階において行う
6. ポートフォリオ評価法は，長期的で継続性がある

ポートフォリオは，子どもたちの日々の学習活動の記録や成果物を蓄積していくものであるが，ただ単にすべての記録や成果物を蓄積していくだけでは効果的に活用することはできない。ポートフォリオの目的や意義について理解し，取捨選択しながら蓄積し，検討会で用いることが求められる。検討会とは，「子どもが教師とともにそれまでの学習を振り返って到達点を確認するとともに，その後の目標設定をする場」（西岡，2003）をいう。検討会の場では，教員のねらいと子どもたちのめあてをすり合わせて新しい目標づくりが行われ，それを通じて自己評価能力の形成を促していく（田中，2008）。

近年の高等教育では，紙ベースのポートフォリオに対して，デジタル化されたクラウド上で利用するｅポートフォリオの活用が顕著になっており，これにより，グループワークや相互評価などの双方向の学習支援や授業時間外での活用が可能になる（岩崎・大橋，2014）。

## 2．学習履歴データの活用

インターネットやスマートフォンの普及に伴い，2019（令和元）年，文部科学省によって「新時代の学びを支える先端技術活用推進方策」が取りまとめられ，教育分野においてICT（情報通信技術）の活用が進められている。技術の発展により，取得が困難や手間であった個人の学習記録を簡易で継続的に取得する

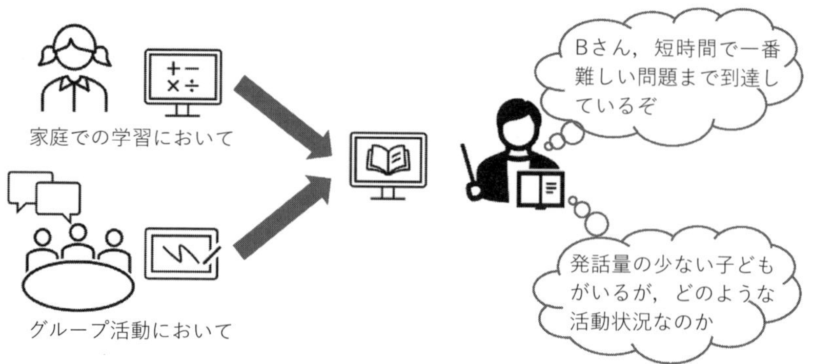


**図 9−1　ICT 環境を基盤とした先端技術・教育ビックデータの活用**
（文部科学省，2019 をもとに筆者作成）

ことが可能となった。同方策において，ICT 環境を基盤とした先端技術・教育ビッグデータが活用される教育現場の想定として，子どもたちの家庭での学習状況の把握や問題のつまずきの分析，グループ活動での様子の記録などが挙げられている（図 9−1）。このように，ICT の活用，特に教育ビッグデータの収集や分析によって，子どもたちの様子や状況を同時に把握することやデータによって見える化することができる。これによって学習評価の効率化や質の向上が期待されるだろう。

また，スタディログ（学習履歴）をはじめとした教育ビッグデータが継続的に収集，蓄積，分析されることで，学習者自らが振り返りに活用するなど個別に最適な学びを行うことができるようになり，子どもたち学習者の成長を促す可能性を大きく広げることにつながる。さらに，ICT の普及に伴いラーニングアナリティクスが注目されている。子どもたちの能力や姿勢を多面的・多角的に評価するためにも，e ポートフォリオを用いたラーニングアナリティクスの活用が有効であると考えられている（森本，2018）。このように，教育データの利活用により，教員の指導の改善に加え，子どもたち自身が自らの学びを振り返って次の学びに向かうことが可能となる。

## (1) eポートフォリオ

eポートフォリオは，「児童生徒の継続的な学びを記録したデジタルデータの集合体」を指し，学習履歴と学習記録から構成される（森本，2018）。

> 学習履歴と学習記録（森本，2018）
> 学習履歴：子どもたちがタブレット端末を使用した際に，いつ，どこをタップして何を参照したかなどの情報やシステムへのログイン回数，テスト・アンケートへのアクセス有無などの情報
> →子どもたちの学習状況の把握や要支援対象の子どもを絞り込むことに活用できる
> 学習記録：子どもたちが作成したレポートや作品などの学習成果物や学習場面や教材等を撮影した画像や動画など
> →自己評価による振り返りや他の子どもたちからのアドバイス，教員や保護者からのフィードバックなどの記述データと紐づいて同時に記録されることが望まれる

学習履歴では子どもたちの行動の変容や経歴を把握し，学習記録では子どもたちが何を考え，どう行動し，どのような成果を得たかといった学びの変容を把握することが可能であり，学習履歴と学習記録を合わせて利活用することでより多面的かつ多角的に評価することが可能になる（森本，2018）。子どもたちにおいても，自分自身の学習状況に関するデータを確認することで客観的な学びの振り返りが可能となり，自身の得意不得意や学びの成長，今後の課題を見いだすことができる。

## (2) ラーニングアナリティクス

ラーニングアナリティクスとは，学習者の学習活動を記録・分析し，その結果をさまざまな形で役立てるものである（学習分析学会，2015）。ラーニングアナリティクスによって分析された結果は，子どもたち学習者や教員にフィードバックされ，子どもたちの学習や教員の指導の改善に活用できる。例えば，ラーニングアナリティクスを活用して教育や学習の改善を行っている九州大学

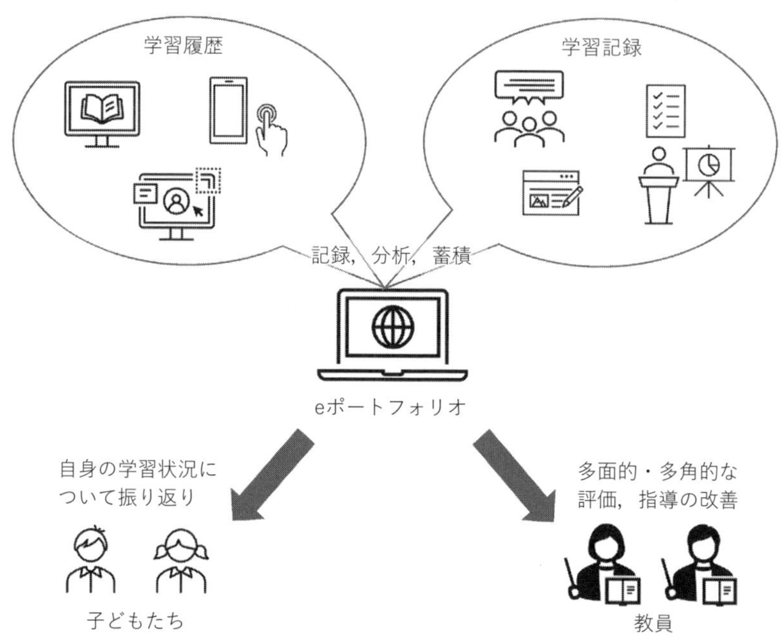


**図 9-2　e ポートフォリオの活用**（森本，2018 をもとに筆者作成）

においては，学習支援システムを導入し，ページの閲覧時間や教材へのメモ・マーカーの数，予習達成率，小テストの得点率などの学習履歴を収集し，活用している（緒方・藤村，2017）。収集したデータは，それぞれグラフで表示され，予習による授業当日の内容理解の状況を把握することができ，教員は状況に応じて授業の進行を検討することが可能である。また，小テストの回答結果に応じて復習用の教材が生成されたり，教材内でメモやマーカーを記録するとその単語が自動的に表示され，自由に配置して線を引くなど単語間の関係を整理することができたりと，学生の振り返り学習にも活用できる（島田，2020）。このように，学習履歴や学習記録を収集して分析し，教員や子どもたちにフィードバックすることにより，学習者は振り返りに活用するなど個別に最適な学びを行うことができ，教員は指導方法の検討や学習状況の把握につながり指導の改善に役立てることができる。

### (3) 教育ビッグデータ収集・活用の留意点

文部科学省は前出の「新時代の学びを支える先端技術活用推進方策（最終まとめ）」で，教育ビッグデータの収集や活用にあたって，個人情報保護法制との関係やデータ解釈の際のバイアス問題について留意すべきであると示している。同方策によると，民間を対象にした個人情報保護法や地方自治体が制定した個人情報保護に関する条例など多くの法律や条例が存在し，個人情報の定義や解釈に違いがある。また，データのもとである個々の事情はすべてデータで把握できるものではなく，得られたデータの結果だけを鵜呑みにすることは，解釈に偏りを生じさせることになる。教育ビッグデータの収集・活用にあたっては，個人情報の取り扱いや倫理，安全性などに関して十分に配慮し，子どもたちや保護者にとって安全，安心かつ効果的な活用が求められる。

■引用・参考文献

中央教育審議会（2016）幼稚園，小学校，中学校，高等学校及び特別支援学校の学習指導要領等の改善及び必要な方策等について　p.60.

中央教育審議会（2019）児童生徒の学習評価の在り方について（報告）p.14.

学習分析学会（2015）学習分析学会とは　learning analyticsとは　学習分析学会ホームページ　https://jasla.jp/about/jasla/（最終閲覧2023-09-14）

星裕・越川茂樹（2019）ルーブリックに基づく学生の自己評価と教員による評価の比較検討　北海道教育大学紀要，70(1)，359-370.

岩崎公弥子・大橋陽（2014）学びのプロセスに基づくeポートフォリオの設計と課題　金城学院大学人文・社会科学研究所紀要，18，15-31.

神奈川県立総合教育センター（2023）高等学校初任者のための授業づくりガイド令和5年度版　p.70.

松下佳代（2007）パフォーマンス評価―子どもの思考と表現を評価する―　日本標準　p.6，p.23，p.44 表5.

文部科学省（2019）新時代の学びを支える先端技術活用推進方策（最終まとめ）pp.7-8.

森本康彦（2018）eポートフォリオを活用した学習評価とラーニングアナリティクス　情報処理学会誌，59(9)，820-824.

西岡加名恵（2003）教科と総合に活かすポートフォリオ評価法～新たな評価基準の創出に向けて～　図書文化社　p.52，pp.59-62，p.68，pp.144-145.

西岡加名恵（2008）「逆向き設計」で確かな学力を保障する　明治図書出版　p.27.
緒方広明・藤村直美（2017）大学教育におけるラーニングアナリティクスのための情報基盤システムの構築　情報処理学会論文誌教育とコンピュータ（TCE），3(2)，1-7.
斎藤有吾・小野和宏・松下佳代（2016）パフォーマンス評価における教員の評価と学生の自己評価・学生調査との関連　日本教育工学会論文誌，40，157-160.
島田敬士（2020）大学教育における学習分析の活用事例　情報処理学会論文誌教育とコンピュータ（TCE），6(2)，16-24.
田中耕治（2008）教育評価　岩波書店　pp.160-164.
津山直樹（2018）教室型実践における異文化間能力育成―国際バカロレアに基づいた中学校社会科での育成プロセスを事例に―　異文化間教育，47，16-33.

# 第10章 情報機器及び教材の活用

## 1．情報社会と学校教育

私たちは高度に情報化された社会で生活している。1960年代から運用が開始されたインターネットは生活の中で当たり前の存在となり，ほとんどの人がスマートフォンやPCを使って誰でも世界中の情報に簡単にアクセスすることができる。24時間いつでも家族や友達と連絡を取ることが可能であり，外に出ることなく買い物を行うこともできる。情報のやり取りは人だけにとどまらず，IoTによってモノもインターネットにつながっており，スマートフォンからさまざまな家電を遠隔操作することもできる。インターネットの利用データは収集され，ユーザー一人ひとりに合った広告を提供してくる。では，教育における情報化の現状はどのようになっているのだろうか。

教育における情報化は新型コロナウイルスのパンデミックなどを受けて近年急速に進められているものの，生活の中での情報化とは異なり，いまだ喫緊の課題となっているのが現状である。OECDが実施している国際的な学習到達度に関する調査であるPISAの2018年の結果（国立教育政策研究所，2019）よると，学校での子どものデジタル機器の使用や学校外での学習におけるインターネット利用はOECD加盟国の平均を大きく下回る結果となっていた。例えば，「関連資料を見つけるために，授業の後にインターネットを閲覧する」という項目では，頻繁に利用していると回答した生徒の割合はOECDの平均が20.1%であるのに対して，日本はわずか3.7%であった。つまり，生活は世界に引けを取らないレベルまで高度に情報化されているにもかかわらず，教育における情報化は他国に比べて大きく遅れていることが明らかとなったのである。一方で，学習外におけるデジタル機器やインターネットの利用についてはほぼすべての項目でOECDの平均を上回り，頻繁に利用されているという結果も得られている。この結果も考慮すれば，デジタル機器やインターネットを学習のツールとして捉えている子どもたちが多くはないことが推察される。

PISAによって明らかとなった教育における情報化という課題に取り組むため，文部科学省はGIGAスクール構想を打ち出した。そこでは，「1人1台端

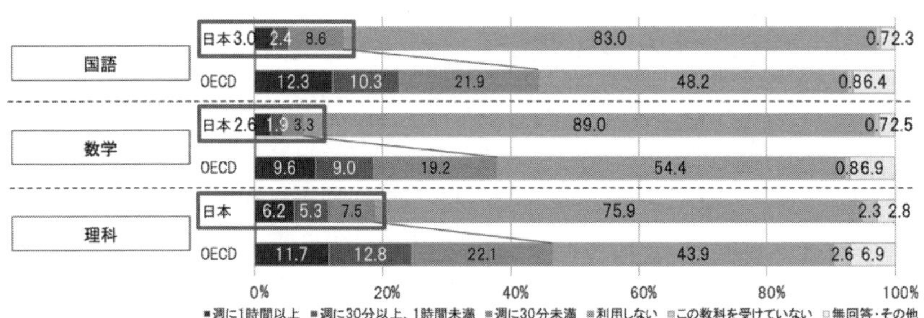


(a) 1週間のうち，教室のデジタル機器を利用する時間

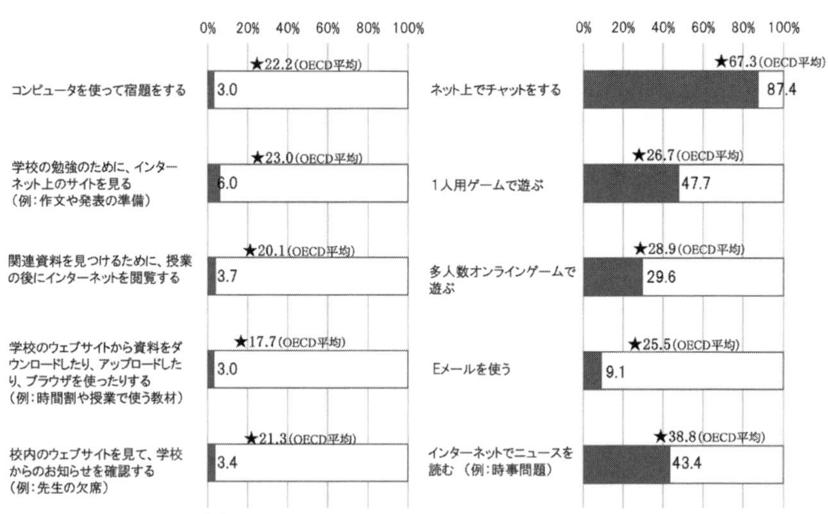


(b) 学校外での平日のデジタル機器の利用状況

(黒色帯は日本の，☆はOECD平均の「毎日」「ほぼ毎日」の合計)

**図10-1 PISA2018の調査結果**（国立教育政策研究所，2018）

末と，高速大容量の通信ネットワークを一体的に整備することで，特別な支援を必要とする子供を含め，多様な子供たちを誰一人取り残すことなく，公正に個別最適化され，資質・能力が一層確実に育成できる教育環境を実現する」ことが目標として掲げられている（文部科学省，2019）。つまり，教育の情報化を推進してデジタル機器やインターネットを効果的に活用することで，子どもたち一人ひとりに合った質の高い教育を提供できるようにするという計画である。GIGA スクール構想は当初 5 カ年計画であったが，新型コロナウイルスのパンデミックによってオンライン学習の必要性が高まったため，校内ネットワークの整備や児童生徒 1 人 1 台端末の整備は急速に進み，構想から 4 年の時点で 99.9%の自治体で整備が完了している（文部科学省，2019）。したがって，今後はこの整備された環境の中で教員が効果的にデジタル機器やインターネットを学習に取り入れ，子どもたち自身もそれらを積極的に学習に利用できるようにすることが求められるだろう。とくに，学習において児童生徒がコンピュータ等の情報通信機器を使って適切に情報を活用する力は，表 10−1 に示すように文部科学省の学習指導要領の中では情報活用能力と呼ばれ，高度に情報化された社会を生きていくうえでも重要な力として位置づけられている。

## 2．教育メディアの活用

教育メディアとは，教育の効果を高めるために用いられるさまざまな情報メディアのことで，現在では教科書から VR まで幅広い対象が教育メディアに含まれている。教育における情報メディアの利用は教員からの言葉によるコミュニケーションである聴覚メディアから始まり，印刷技術の登場によって教科書などの視覚メディアが広まった。そして，電気通信技術の発展によりテレビや映画などの視聴覚メディアが重視されるようになった。その後もさまざまな技術の進歩により多様な視聴覚メディアが利用可能である。そのため，今後の教育においては多様な選択肢を効果的に選択して教育に取り入れていく必要がある。本節では，教育の情報化に伴って利用の機会が増えると考えられる電子黒板やデジタル教科書，学校放送，教育映像を取り上げることとする。

**表 10－1　情報活用能力とその育成のための学習内容の例**
（文部科学省，2019 をもとに筆者作成）

(a) 情報活用能力の例

| 分類 | | |
|---|---|---|
| A. 知識及び技能 | 1 情報と情報技術を適切に活用するための知識と技能 | ①情報技術に関する技能<br>②情報と情報技術の特性の理解<br>③記号の組合せ方の理解 |
| | 2 問題解決・探究における情報活用の方法の理解 | ①情報収集，整理，分析，表現，発信の理解<br>②情報活用の計画や評価・改善のための理論や方法の理解 |
| | 3 情報モラル・情報セキュリティなどについての理解 | ①情報技術の役割・影響の理解<br>②情報モラル・情報セキュリティの理解 |
| B. 思考力，判断力，表現力等 | 1 問題解決・探究における情報を活用する力<br>（プログラミング的思考・情報モラル・情報セキュリティを含む） | 事象を情報とその結び付きの視点から捉え，情報及び情報技術を適切かつ効果的に活用し，問題を発見・解決し，自分の考えを形成していく力<br>①必要な情報を収集，整理，分析，表現する力<br>②新たな意味や価値を創造する力<br>③受けての状況を踏まえて発信する力<br>④自らの情報活用を評価・改善する力 |
| C. 学びに向かう力，人間性等 | 1 問題解決・探究における情報活用の態度 | ①多角的に情報を検討しようとする態度<br>②試行錯誤し，計画や改善しようとする態度 |
| | 2 情報モラル・情報セキュリティなど | ①責任をもって適切に情報を扱おうとする態度<br>②情報社会に参画しようとする態度 |

(b) 情報活用能力育成のための想定される学習内容の例

| 想定される学習内容 | 例 |
|---|---|
| 基本的な操作等 | キーボード入力やインターネット上の情報の閲覧など，基本的な操作の習得等に関するもの |
| 問題解決・探究における情報活用 | 問題を解決するために必要な情報を集め，その情報を整理・分析し，解決への見通しをもつことができる等，問題解決・探究における情報活用に関するもの |
| プログラミング（問題解決・探究における情報活用の一部として整理） | 単純な繰り返しを含んだプログラムの作成や問題解決のためにどのような情報を，どのような時に，どれだけ必要とし，どのように処理するかといった道筋を立て，実践しようとするもの |
| 情報モラル・情報セキュリティ | SNS，ブログ等，相互通信を伴う情報手段に関する知識及び技能を身に付けるものや情報を多角的・多面的に捉えたり，複数の情報を基に自分の考えを深めたりするもの |

## (1) デジタル教科書

デジタル教科書は PC やタブレットで利用できる電子化された教科書である。例えば，外国語の学習においてネイティブ・スピーカーの発音をすぐに確認できたり，算数や数学の学習において，図形への書き込みや拡大，回転などの操作で直感的な理解をすることができたりするなどさまざまな教育効果が期待できる。加えて，テキストの読み上げ機能や漢字のルビも利用できるため，読解に困難のある子どもでも利用しやすい教科書となっている。指導者用のデジタル教科書は早くから利用されているが，学習者用のデジタル教科書はあま

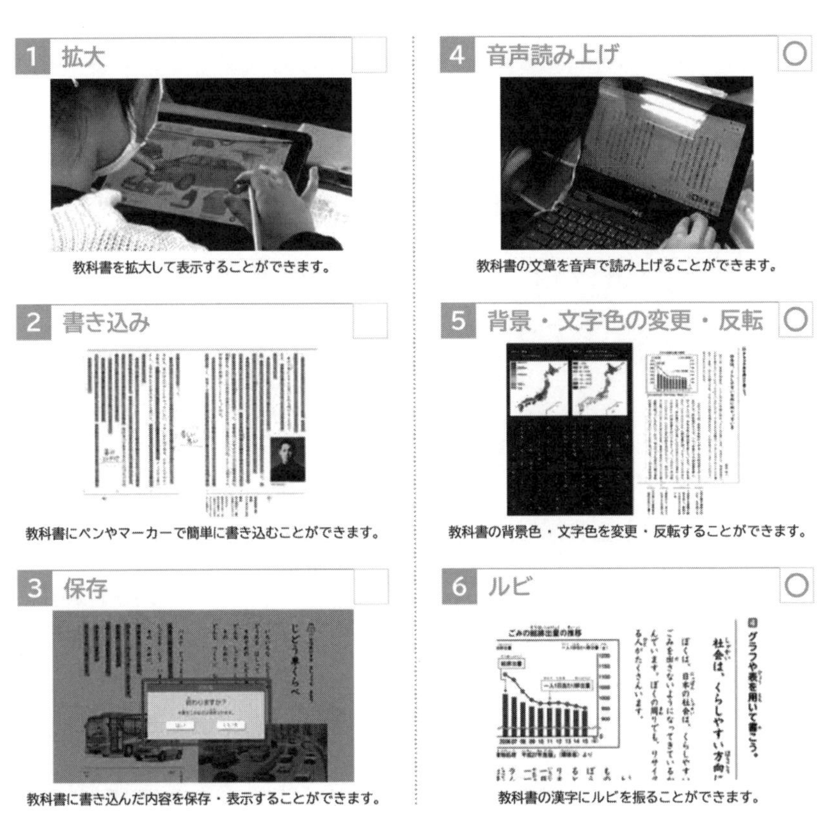


**図 10−2　デジタル教科書の学習方法の例**（文部科学省，2023）

り普及していないのが現状である。2024（令和6）年度から英語のデジタル教科書がすべての小中学校等を対象に提供され，その後は算数・数学などの他科目でも段階的に導入される予定となっている。実際の運用には文部科学省のデジタル教科書のガイドブックが参考になるだろう（文部科学省，2023）。

## （2）電子黒板

電子黒板は投影した写真や資料への書き込みや拡大表示，映像やアニメーションなどの動画を表現するときなどに効果的に使うことができるディスプレイモニターである。通常のディスプレイと同様にPCと接続することで簡単に使用することができ，さまざまな活用例が文部科学省のホームページで紹介されている[1]。例えば，自然現象の仕組みや体育の実技の様子など映像で確認することが効果的な情報の提示や，子どもたちの考え方を同時に提示して比較するといった子どもたちの相互作用にも活用できる。

図10-3　電子黒板の活用例（気圧と大気の動きのデモンストレーション）
（文部科学省，2015）

## (3) 学校放送

学校放送とは学校の授業で視聴することを目的に計画された放送プログラムである。各放送局の中でもとくにNHKが学校放送に力を入れており，教科や学年ごとに番組が用意されている。2011(平成23)年からは通常の放送に加えて，NHKのWebサイト上でも番組が視聴できるNHK for School[1]が登場した。NHK for Schoolは学年や教科ごとに利用したい番組を選ぶことができ，学習指導要領からの検索も可能となっている。NHK for Schoolの対象は小学生から中学生となっており，高校生向けのコンテンツとしてはNHK高校講座[2]

新・学習指導要領　旧・学習指導要領

| | 小1 | 小2 | 小3 | 小4 | 小5 | 小6 | 中1 | 中2 | 中3 |
|---|---|---|---|---|---|---|---|---|---|
| 理科 | | | 小3 | 小4 | 小5 | 小6 | 中1~3 [第1分野][第2分野] | | |
| 社会 | | | 小3 | 小4 | 小5 | 小6 | 中1~3 [地理的分野][歴史的分野][公民的分野] | | |
| 国語 | 小1~2 | | 小3~4 | | 小5~6 | | | | |
| 算数 | 小1 | 小2 | 小3 | 小4 | 小5 | 小6 | | | |
| 数学 | | | | | | | 中1 | 中2 | 中3 |
| 生活 | 小1~2 | | | | | | | | |
| 道徳 | 小1~2 | | 小3~4 | | 小5~6 | | | | |
| 音楽 | 小1~2 | | 小3~4 | | 小5~6 | | | | |
| 体育 | | | 小3~4 | | 小5~6 | | | | |
| 図工 | | | | | 小5~6 | | | | |
| 技術 | | | | | | | 中1~3 [技術分野][家庭分野] | | |
| 家庭 | | | | | 小5~6 | | | | |
| 総合 | | | 小3~6 | | | | 中1~3 | | |
| 英語 | | | 小3~4 | | 小5~6 | | 中1~2 | | |
| 特活 | 小1~6 | | | | | | 中1~3 | | |
| 特支 | 全学年 | | | | | | | | |

図10-4　NHK for Schoolの新学習指導要領別のコンテンツ（NHK for School）

が，幼児教育用としてはNHK キッズ[3]が用意されている。扱われる科目も幅広く，特別支援教育をテーマとした番組も公開されているため，家庭学習や教員の教材づくりにも活用できる。

### （4）PC の活用

GIGA スクール構想によって1人1台端末が整備され，PC やタブレット PC が学習に利用できるようになった。そこで，本節では PC やタブレット PC の活用法を考えていく。MM 総研の調査（2021）によれば，OS ごとのシェア率は Google ChromeOS が 43.8%と最も多く，iPadOS と Microsoft Windows はどちらも約 28%であった。対応する OS によって操作方法や利用可能なソフト（もしくは，アプリケーション）にある程度の違いがあるため，児童生徒がどのような端末を利用しているかについても留意が必要である。各 OS に対応した教員向けの端末の利用ガイドへ文部科学省のホームページ[4]からアクセスできるため，基本的な操作法などはそちらを参照されたい。

### （5）PC やタブレット PC を利用した授業運営・教材づくり

PC やタブレット PC の強みは豊富なソフトウェア（もしくは，アプリケーション）にある。それぞれのソフトウェアは特定の機能に特化しており，必要なものをインストールすることで端末の機能を拡張することができる。授業の

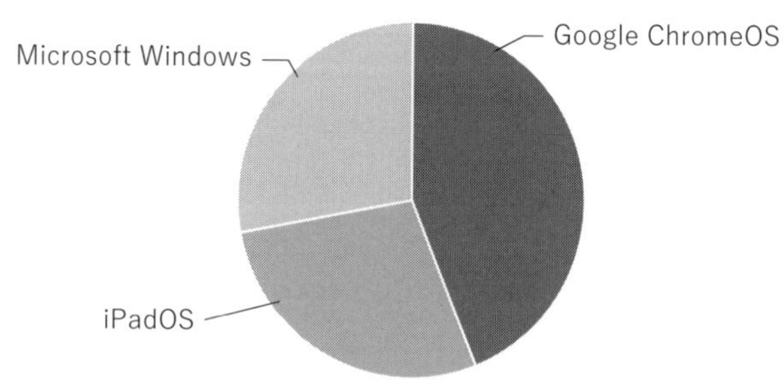


**図 10−5　1人1台端末の OS シェア（予定含む）**
（自治体数 n ＝ 1478）（MM 総研，2021 をもとに筆者作成）

運営や教材づくりに有用なものとしては，PowerPoint や Keynote などのプレゼンテーション用ソフト，Excel や Numbers などの表計算ソフト，Word や Pages などの文章作成ソフトが挙げられる。その他，図形を自由に動かすことができるソフトや植物の写真を撮るとその名称などの情報を得られるソフトなど学習支援に特化したソフトなども開発されており，科目や授業内容に合わせてソフトウェアやアプリケーションを利用できる。各科目の活用例は文部科学省が運営する StuDX Style[5] というサイトで公開されているため，そうした実践例も踏まえるとよいだろう。

### (6) 特別な配慮が必要な児童生徒の学習支援

特別な配慮が必要な児童生徒の学習支援にも PC やタブレット PC の活用が効果的である。例えば，聴覚に障害がある児童生徒の場合，教員の説明を聞き取るのが困難である。しかし，音声認識ソフトを使うことで，発話した内容をテキストに変換して読むことが可能となる。また，読解に困難がある児童生徒には多くの PC やタブレット PC に導入されているテキストの読み上げ機能を使うことで読解のサポートを行うことができる。近年増加している日本語指導が必要な外国人の児童生徒については翻訳ツールを使うことで，授業についていくことができず不登校や退学してしまう子どもたちを減らすことができるだろう。このように従来の教育現場では取り残されてしまっていた多様な背景をもつ子どもたちに対して適切な教育環境を提供することが可能となっており，これからの教育において非常に重要な手段となっている。実際の活用例については，上述した StuDX Style で紹介されている。

### (7) 遠隔会議システムの利用

PC やタブレット PC を使用することで，新型コロナウイルスの感染拡大によって急速に導入が進められた遠隔会議システムも利用できる。遠隔会議システムを使えば教室にいなくても授業に参加することができ，感染拡大や災害などの緊急時に利用するだけでなく，不登校や病気療養などで登校が難しい児童生徒が授業に参加する機会を提供することも可能である。また，遠方の学校に在籍する児童生徒や地域の人々との交流や，教員が不足する地域における子どもたちの教育機会の確保のためにも活用できるだろう。

■注

◀1：NHK　NHK for School

◀2：NHK　NHK 高校講座

◀3：NHK　NHK キッズ

◀4：文部科学省（2021）民間企業等による ICT の効果的な活用に関する参考資料

◀5：文部科学省　StuDX Style

■引用・参考文献

国立教育政策研究所（2019）OECD 生徒の学習到達度調査 2018 年調査（PISA2018）のポイント　https://www.nier.go.jp/kokusai/pisa/pdf/2018/01_point.pdf（最終閲覧 2023－09－25）

MM 総研（2021）公立小中学校 1 人 1 台環境で Chrome OS がトップシェア『GIGA スクール構想実現に向けた ICT 環境整備調査　https://www.m2ri.jp/release/detail.html?id=475（最終閲覧 2023－09－25）.

文部科学省（2015）授業がもっとよくなる電子黒板活用　https://www.mext.go.jp/content/20230907_mxt_kyokasyo02_20230911_1.pdf（最終閲覧 2023－09－25）.

文部科学省（2019）GIGA スクール構想の実現に向けて　https://www.mext.go.jp/content/20200625-mxt_syoto01-000003278_1.pdf（最終閲覧 2023－09－25）

文部科学省（2019）学習の基盤となる資質・能力としての情報活用能力の育成　https:// www.mext.go.jp/content/20201002-mxt_jogai01-100003163_1.pdf（最終閲覧 2023－09－25）

文部科学省（2023）学習者用デジタル教科書の活用による指導力向上ガイドブック　https://www.mext.go.jp/content/20230907_mxt_kyokasyo02_20230911_1.pdf（最終閲覧 2023－09－25）

文部科学省（2023）義務教育段階における 1 人 1 台端末の整備状況（令和 4 年度末時点）　https://www.mext.go.jp/content/20230711-mxt_shuukyo01-000009827_01.pdf（最終閲覧 2023－09－25）

# 第11章 情報活用能力の育成とインターネットの活用

前章で述べられているとおり，学習において児童生徒が情報通信機器を活用する力を「情報活用能力」と呼んでいる。情報化社会を生き抜く重要な力であり，このことが学校教育にも変化をもたらしている。2017（平成29）年改訂学習指導要領では，第1章第2の2（1）で，「各学校においては，児童（生徒）の発達の段階を考慮し，言語能力，情報活用能力（情報モラルを含む。），問題発見・解決能力等の学習の基盤となる資質・能力を育成していくことができるよう，各教科等の特質を生かし，教科等横断的な視点から教育課程の編成を図るものとする」と記されている。この文言からわかるとおり，情報活用能力は言語能力や問題発見・解決能力と同様に，学習の基盤となる資質・能力として位置づいているのである。

ここでは，インターネットの活用について学んでいく。

## 1．インターネット活用によるメリット

今日の急速なICTの高度化とサービスの多様化に伴い，社会や生活の分野においてその活用が進んでいる。この進展し続ける高度情報化社会の影響を，社会活動はもちろんのこと教育分野も例外なく受けている。2022（令和4）年度に内閣府が行った「青少年のインターネット利用環境実態調査」では，小学生から高校生までの98.57%がインターネットを利用しており，特に低年齢層の使用率が年々上昇していることが明らかとなっている。一方，教育分野では，授業（国語，数学，理科）でのデジタル機器の利用時間がOECD加盟国中最下位であり，インターネットの利用率に反して，教育分野での活用が進んでい

ないことから，新しい学びの形を実現することを目指すこととなった（第9章を参照）。

文部科学省は，「学びのイノベーション事業実証研究報告書」（2014）でICTを活用した教育による効果や影響等について，表11-1のとおり示している。

**表11-1　ICTを活用した教育の効果**（文部科学省，2014をもとに筆者作成）

| | |
|---|---|
| 児童生徒の意識 | 「楽しく学習することができた」「コンピュータを使った授業はわかりやすい」など，約8割の児童生徒が3年間を通じて，授業について肯定的に評価している。 |
| | 「コンピュータを使って発表したい」「自分の考えや意見をわかりやすく伝えることができた」が，他の項目と比較して低い数値であるが，経年で向上していく傾向が見られる。 |
| | 全国学力・学習状況調査により全国と実証校の状況を比較すると，コンピュータや電子黒板を使った授業はわかりやすい」「本やインターネットを使ってグループで調べる活動をよく行っている」が，特に全国より高い数値となっている。 |
| 児童生徒のICT活用スキル | 児童生徒がICTを操作・活用するための能力（ICT活用スキル）が確実に向上している。 |
| 教員の意識 | ICTを活用した授業は，児童生徒の「意欲を高めること」「理解を高めること」「思考を深めたり広げたりすること」「表現や技能を高めること」に効果的であると，全期間を通じて約8割以上の教員が評価している。 |
| | 電子黒板については，2013年では95%以上の教員が使いやすいと評価しており，特に小学校においては，約8割が「ほぼ毎日」使用するとしている。 |
| 教員のICT活用指導力 | 小・中学校ともに「授業中にICTを活用して指導する能力」「児童生徒のICT活用を指導する能力」「教材研究・指導の準備・評価などにICTを活用する能力」などのすべての項目において，事業開始当初と比べて数値が向上している。 |
| 学力の状況 | 標準学力検査（CRT）の結果を，2011年度と2012年度の経年で全国の状況と比較すると，低い評定の出現率が減少している傾向が見られる。また，中学校においては，高い評定の出現率が多い集団の出現率が減少している傾向が見られる。また，中学校においては，高い評定の出現率が多い集団では，さらに高くなる傾向も見られた。 |
| デジタル教科書に関する意識 | 「楽しく学習することができましたか」「授業に集中して取り組むことができましたか」について，80%以上の児童生徒が肯定的に評価している。 |
| | 「もっと多くの授業で，デジタル教科書を使った勉強をしたいと思う」について，70%以上の児童生徒が肯定的に回答している。 |

結果として，ICT の時間的・空間的な制約の低減，双方向性があること，容易なカスタマイズといった特長を活用することで，①わかりやすい授業の実現，②一人一人の能力や特性に応じた学び，③協働的な学び，などが可能であると述べている。

もう少し ICT 活用の効果について，以下で説明を加える。

### (1) データ活用による学習効果の確認

より効果的な学びを支えるためにデータを活用することである。つまり，児童生徒がどのくらい学習の内容を理解できているか，あるいは習熟しているかを把握することで，よりよい学びを提供することが可能となる。ICT を活用した適切な評価による，最適な学習内容を提示することができる（評価に関する具体的な方法・内容については第 9 章を参照)。これが「わかる授業」，ひいては子どもたちの自己有用感につながるであろう。

### (2) 教員の負担軽減

2019（平成 31）年の中央教育審議会答申「新しい時代の教育に向けた持続可能な学校指導・運営体制の構築のための学校における働き方改革に関する総合的な方策について」で，教員の働き方改革について示されている。それを受けて文部科学省が状況調査を行い，ICT 活用による業務の効率化による負担軽減について示している（その詳細については第 12 章を参照)。業務の効率化により，教員が児童生徒と接する時間を増やし，学びの質を向上させることにつながる。

### (3) 生きる力の育成

すでに述べたとおり，高度情報化社会の進展は世界的な流れであり，これからの子どもたちが生きていくためには，PC やネットワークなどの基本操作を身につけることが求められる。そういった意味で情報化社会に適応することは，子どもたちの「生きる力」を育成することにつながる。そのため，次世代を担う子どもたちに「情報活用能力」を身につける必要がある。「情報活用能力」

とは，学習指導要領解説総則編のなかで「世の中の様々な事象を情報とその結び付きとして捉え，情報及び情報技術を適切かつ効果的に活用して，問題を発見・解決したり自分の考えを形成したりしていくために必要な資質・能力である」と説明されている。必要な情報を自分で探し活用できるようになることが，高度情報化社会で生きる力につながるのである。

### （4）教育相談の充実

教員に相談をしたり，相談室を利用したりすることに負担や抵抗を感じる場合も多いと思われる。ICTを活用した教育相談により，そういったハードルを下げる効果が見込まれる。いち早く児童生徒の課題に気づくことができ，必要な場合，対面での相談につなげることもできよう。こういった早期発見，早期対応のひとつの手段として，ICTを活用することで教育相談の充実を図ることができる。

### （5）学習機会の確保

「義務教育の段階における普通教育に相当する教育の機会の確保等に関する法律」の施行により不登校児童生徒に対する学習機会の確保が必要となった。また，「小・中学校等における病気療養児に対する同時又は双方向型授業配信を行った場合の指導要録上の出欠の取扱い等について（通知）」により，病気療養等により支援が必要な児童生徒のための学習機会の確保も求められている。いずれの場合も，ICTの活用が有効な手段のひとつであり，学校と子どもたちをつなぐ大切なツールとなっている。

さらに，発達障害等により学習上，何らかの困難を抱える児童生徒の学習支援にICTの活用が取り入れられている。これも，特性のある児童生徒に対する学習機会の確保と捉えることができる。

### （6）多様な交流の実現

これまで簡単にはいかなかった海外の人たちとの交流が，インターネットを活用することで可能になっている。それは海外に限ったことではなく，国内の例えば，他校や移動が困難な障害のある児童生徒との共同学習や交流学習，Web 会議システムを活用したリアルタイムでの討論や意見交換も可能となっている。

さらに，保護者や地域社会との連携強化のために，学校だよりなどをホームページに掲載したり，グループメールをつくり情報共有に役立てたりする取り組みが行われている。

## 2．インターネット活用の課題や留意点

上述したとおり，学校教育においてインターネットを活用することでさまざまな効果が期待できる。その一方で，多くの課題も生じている。以下で，学校教育におけるインターネット活用に関する課題や留意点について述べる。

### （1）GIGA スクール構想に関する課題

文部科学省は 2021 年に「自治体における GIGA スクール構想に関連する課題アンケート」を実施し，主なポイントを示している。学校の 1 人 1 台端末活用等に関して，もっとも課題となっている「1 番目の課題」，その次の「2 番目の課題」，「その他の課題」として自治体ごとに回答を求めた結果が図 11－1 である。

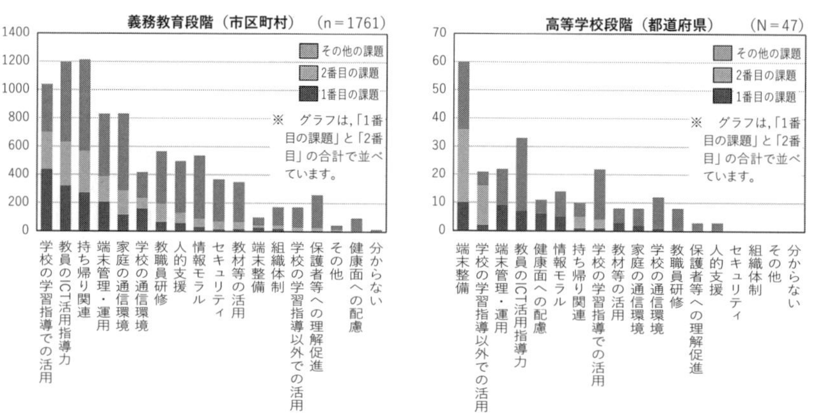


**図 11－1　GIGA スクール構想に関連する課題**（文部科学省，2021）

図 11−1 が示すとおり，義務教育段階で 30％をこえる 1，2 番目の課題として「学校の学習指導での活用」「教員の ICT 活用指導力」「持ち帰り関連」が挙げられた。その他の課題も含めると「端末の管理・運用」「家庭の通信環境」も多く挙がっている。一方，高等学校段階では 1，2 番目の課題として 「端末整備」が圧倒的に多く挙げられている。その他の課題も含めると，「端末の管理・運用」「教員の ICT 活用指導力」「学校での学習指導での活用」が多い。

このように，学校段階で差異がみられることを踏まえながら，各学校それぞれの課題や実情に対応していくことが求められる。

### （2）子どもの健康への影響

文部科学省は 2022（令和 4）年に「児童生徒の健康に留意して ICT を活用するためのガイドブック（令和 4 年 3 月改訂版）」を Web 公開した。ICT を活用する際に注意したいポイントが，イラストやチェックリストなどでわかりやすくまとめられている。内容は，表 11−2 に掲げたとおりである。機器画面の見えにくさへの対策や姿勢に関する指導の充実，教員や児童生徒が授業で ICT を円滑に活用するための留意事項についてなどが示されている。

このガイドブックは特に児童生徒の健康という観点からまとめられている。机や椅子の高さや適切な姿勢に配慮することで，目の疲労を緩和させるための方策などが例示されている。

また，スポーツ庁の調査（令和 3 年度全国体力・運動能力，運動習慣等調査）では，子どもの体力や運動能力の低下が進んでいる原因のひとつとして，学習以外のスクリーンタイムの増加をあげている。学習以外のスクリーンタイムが長時間になると，体力合計点が低下する傾向がみられている。そして，学校保健統計調査が開始されてから，子どもの視力低下の傾向が急速に進んでいる。その原因のひとつにはスマートフォンなどのタブレット端末への接触時間の増加が考えられる。さらに，ブルーライトの網膜への悪影響や急性内斜視といった問題，睡眠時間短縮に伴う生活のリズムの乱れといった影響もある。

これらの状況が，将来の肥満や高血圧，高脂血症といった生活習慣病につながるリスクがあることから，早期の教育と支援が不可欠である。

**表 11-2 ガイドブックの構成**（文部科学省，2022 をもとに筆者作成）

| | |
|---|---|
| 1. 留意事項の考え方 | 考え方を説明 |
| 2. 具体的な改善方策 | 2-1，2-2，2-3 で具体的な改善方策を例示 |
| 2-1 教室の明るさ | 教室の明るさの考え方，適正な教室環境を確保するためのカーテンや電灯の利用方法について例示 |
| 2-2 電子黒板 | 映り込み等の課題への対応方法，よりよい活用をするための配置，教材（利用する色，文字の大きさやフォント等）の工夫等について例示 |
| 2-3 タブレット PC | 映り込み等の課題への対応方法，よりよい活用をするための配置，机・椅子の高さの調整方法，姿勢指導等，疲労の防止に効果的と考えられる授業構成例等を例示 |
| 3. Q&A | 現場で出やすい質問を Q&A 形式で回答 |
| 4. 学習環境の充実を図るための留意点 | 今後，ICT 機器を導入したり教室の環境を整備する場合に，機器選定のポイントや教室環境や設備の選定のポイントについて例示 |
| 5. 専門家からのコメント | 子どもの視力，ドライアイ，色のバリアフリー，ICT 機器利用方法の基準，ブルーライト等に関する専門的な知見や配慮事項を提示 |
| 6. チェックリスト | 具体的な改善方策のチェックリストを提示 |
| 7. 参考情報 | 参考にするとよい公式な情報をまとめて提示 |

## （3）情報セキュリティ

学校で ICT を安全に活用するためには，情報セキュリティポリシーを策定することが必要となる。情報セキュリティポリシーは組織等が定める情報セキュリティ対策について，その方針や行動指針を明文化したもので，情報資産を守るための基本方針などが記載されるものである。学校の情報資産は，指導要録や成績，出席簿などとても大切な情報を有している。この大切な情報資産を守るため，「学校における情報セキュリティ及び ICT 環境整備等に関する研修教材」が作成された（文部科学省，2017）。そこでは，セキュリティポリシーに記載すべき内容例として「重要度に応じた情報資産の分類とその取扱制限について」「教職員が遵守すべき日常的な情報資産の取扱いについて」が記されている。そして，情報セキュリティポリシーは都道府県と市町村の教育委

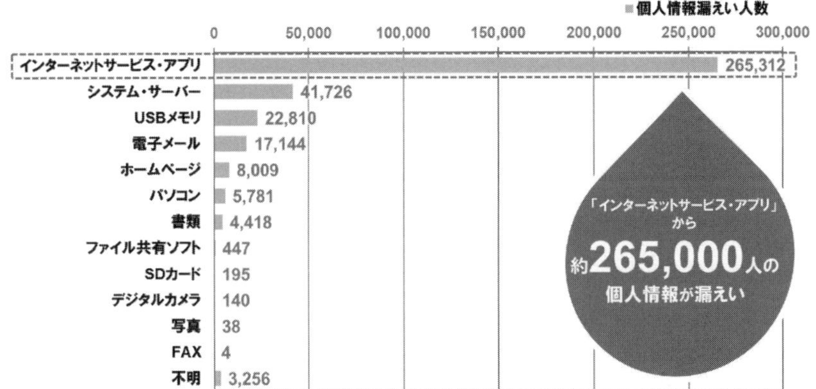


図 11－2　漏えい経路・媒体別個人情報漏えい人数
（教育ネットワーク情報セキュリティ推進委員会，2023）

員会で共通化を図ることが望ましいとしている。これは，教職員の人事異動を考慮したものである。

また，情報漏えい事故の発生状況として，2022（令和 4）年度のものを図 11－2 に示した。結果として，「成績処理を行う学期末の 7 月，12 月に事故が多い」「漏えい経路・媒体の大半は「書類」「電子メール」で，全体の約 62%を占めた」「事故の種類は「紛失・置き忘れ」「誤送信」「誤配布」で，全体の約 75%を占めた」「「規定違反」を伴う事故が，全体の約 8%を占めた」ことが示された。このことから，事故の発生時期や媒体，原因を把握して対策を講じることが求められている。

## （4）知的財産権・著作権

学校だよりなどにイラストを掲載した際，それが著作権侵害となり賠償金を支払うことになったという事例が散見される。これらは，イラストが無料で自由に利用できるフリー素材であると誤認したためであった。「フリー」と記載されているインターネットの素材でも著作権を放棄していない場合があるため，しっかりと規約を確認しなければならない。そのため，ICT 教育の推進にあたっては，著作権に関する認識や利用規約等の確認の徹底について周知する必要がある。国もICTを活用した教育での著作物利用の円滑化を図るため，授業目的公衆送信補償金制度（2018）を創設した。これにより，授業で必要な公衆送信について，個別に著作権者等の許諾を得なくても実施できるようになった。ただし，この制度の利用にあたっては，教育機関の設置者が補償金を支払うことが必要である。教員はこの制度を把握し，その適用範囲内でICTを活用した教育を行わなければならない。

また，学校側だけではなく，児童生徒が著作権を侵害しないよう注意を要する。よくあるケースとしては，著作権者の許諾を得ないもの，あるいは違法サイトと知りながらダウンロードしたり，コピーした画像や音楽，ゲームソフトなどを配布したりといった違法行為である。このため，2017（平成29）年改訂学習指導要領では，知的財産，情報モラルに関する指導項目として，小学校と中学校の道徳，中学校の技術・家庭，高等学校の情報で取り上げられ，著作権教育が進められている。

### （5）生成AI（Generative Artificial Intelligence）

前出の学習指導要領総則では，学習活用能力について「（前略）さらに，このような学習活動を遂行する上で必要となる情報手段の基本的な操作の習得や，プログラミング的思考，情報モラル，情報セキュリティ，統計等に関する資質・能力等も含むものである」としている。近年の生成AIに関する議論は，情報モラルと関連している。学習指導要領では，情報モラルを「情報社会で適正な活動を行うための基になる考え方と態度」とし，自他の権利の尊重や情報の正しく安全な利用できることなどをあげている。加えて，学校や教師に求めることとして，最新の情報や実態の把握，適切な指導により情報モラルを身につけさせることの重要性を示している。情報モラルが情報活用能力の一部であることを考えると，新たな技術である生成AIの仕組みを理解することや，学びへの活用を進めることは重要であろう。

そこで，文部科学省は「初等中等教育段階における生成AIの利用に関する暫定的なガイドライン」（2023）を策定した。ガイドラインによると，リスク管理が可能な一部の学校でパイロット的な取り組みを進め，今後の議論に役立

**表 11－3　生成 AI 活用の賛否に関する暫定的な考え方**
（文部科学省，2023 をもとに筆者作成）

○子供の発達の段階や実態を踏まえ，年齢制限・保護者同意等の利用規約の遵守を前提に，教育活動や学習評価の目的を達成する上で，生成 AI の利用が効果的か否かで判断することを基本とする（特に小学校段階の児童に利用させることは慎重な対応を取る必要がある）。
○まずは，生成 AI への懸念に十分な対策を講じられる学校でパイロット的に取り組むのが適当。

利用規約：ChatGPT … 13 歳以上，18 歳未満は保護者同意　Bing Chat …成年，未成年は保護者同意　Bard … 18 歳以上

**1．適切でないと考えられる例**（※あくまでも例示であり，個別具体に照らして判断する必要がある）

①生成 AI 自体の性質やメリット・デメリットに関する学習を十分に行っていないなど，情報モラルを含む情報活用能力が十分育成されていない段階において，自由に使わせること
②各種コンクールの作品やレポート・小論文などについて，生成 AI による生成物をそのまま自己の成果物として応募・提出すること
（コンクールへの応募を推奨する場合は応募要項等を踏まえた十分な指導が必要）
③詩や俳句の創作，音楽・美術等の表現・鑑賞など子供の感性や独創性を発揮させたい場面，初発の感想を求める場面などで最初から安易に使わせること
④テーマに基づき調べる場面などで，教科書等の質の担保された教材を用いる前に安易に使わせること
⑤教師が正確な知識に基づきコメント・評価すべき場面で，教師の代わりに安易に生成 AI から生徒に対し回答させること
⑥定期考査や小テストなどで子供たちに使わせること（学習の進捗や成果を把握・評価するという目的に合致しない。CBT で行う場合も，フィルタリング等により，生成 AI が使用しうる状態とならないよう十分注意すべき）
⑦児童生徒の学習評価を，教師が AI からの出力のみをもって行うこと
⑧教師が専門性を発揮し，人間的な触れ合いの中で行うべき教育指導を実施せずに，安易に生成 AI に相談させること

**2．活用が考えられる例**（※あくまでも例示であり，個別具体に照らして判断する必要がある）

①情報モラル教育の一環として，教師が生成 AI が生成する誤りを含む回答を教材として使用し，その性質や限界等を生徒に気付かせること。
②生成 AI をめぐる社会的論議について生徒自身が主体的に考え，議論する過程で，その素材として活用させること
③グループの考えをまとめたり，アイデアを出す活動の途中段階で，生徒同士で一定の議論やまとめをした上で，足りない視点を見つけ議論を深める目的で活用させること
④英会話の相手として活用したり，より自然な英語表現への改善や一人ひとりの興味関心に応じた単語リストや例文リストの作成に活用させること，外国人児童生徒等の日本語学習のために活用させること
⑤生成 AI の活用方法を学ぶ目的で，自ら作った文章を生成 AI に修正させたものを「たたき台」として，自分なりに何度も推敲して，より良い文章として修正した過程・結果をワープロソフトの校閲機能を使って提出させること
⑥発展的な学習として，生成 AI を用いた高度なプログラミングを行わせること
⑦生成 AI を活用した問題発見・課題解決能力を積極的に評価する観点からパフォーマンステストを行うこと

てることが必要であるとし，「機動的な改訂を想定」したガイドラインであることを明記しながら，利便性の高い生成 AI を将来的に「使いこなすための力を意識的に育てていく姿勢」の大切さを示している。その一方で，「個人情報の流出，著作権侵害のリスク，偽情報の拡散，批判的思考力や創造性，学習意欲への影響」といった懸念事項に対する考慮の必要性も記している。

表 11−3 に「生成 AI 活用の適否に関する暫定的な考え方」を示した。その活用が適当でないと考えられる例を 8 つ，活用が考えられる例を 7 つあげている。発展途上にある生成 AI の進歩は目覚ましく，新たにさまざまなリスクが発生すると同時に，活用の幅も広がっていく可能性がある。学校教育場面では，生成 AI に関する最新の情報を入手しながら，ガイドラインにある「回答は誤りを含むことがあり，あくまでも「参考の一つに過ぎない」ことを十分に認識し，最後は自分で判断するという基本姿勢」を持ち続けることが大切であろう。

## 3．新たな課題に対する組織的取り組み

### （1）組織的対応について

日々新たに直面するインターネットの関連の課題に対して，学校や教育委員会のみで対処するには限界があろう。そのため，問題を未然に防ぐために情報モラル教育を推進しながら，その過程で専門家や関係機関，地域，保護者との連携を図るなど組織的対応が求められる。新たな課題に対応するため常に最新情報の入手を心がけ，組織体制を見直しながら学校全体で対応していかなければならない。また，ネット上の誹謗中傷などは，法的な対応が必要となる場合も想定されるため，関連法規の把握やスクールロイヤー等との連携も必要になる。

各教科では，児童生徒が情報モラルを身につけさせる指導が，課題に対する対応として有効に働く。それは，情報モラルを身につけることで「他者への影響を考え，人権，知的財産権等自他の権利を尊重し情報社会での行動に責任をもつこと」「危険回避等情報を正しく安全に利用できること」「コンピュータ等

の情報機器の使用による健康とのかかわりを理解すること」ができると想定しているからである。教科だけではなく，講演会等による啓発活動を加えることで，より高い効果が期待できる。

学校がネット上の問題を把握した際には，拡散性が強いという特徴があるため，被害拡大防止を最優先する。組織は，多職種の専門家で対策委員会を設置し，定期的に会議を開催する。また，PTA や警察，消費生活センターなどから広く情報を収集し，ネットパトロールによる対応も検討する。そして，緊急時の相談窓口を設け周知を図る。

### （2）情報活用能力の育成とインターネットの活用のまとめ

児童生徒にスマートフォン等が普及している現代においては，学校教育においても，それらをいかに安全かつ有効に活用するかという視点をもたなければならない状況にある。すべての学校は，情報活用能力の育成強化を求められており，それは児童生徒がフィルターバブルやエコーチェンバーといった現象により誤情報にさらされているからである。これからの情報活用能力の育成については，生成 AI の普及を念頭において実施される必要がある。

そこで，本章のまとめとして「初等中等教育段階における生成 AI の利用に関する暫定的なガイドライン」で示された，「情報活用能力の育成強化」を表 11-4 にまとめて掲げた。その内容からもわかるとおり，新たな課題に対する組織的な対応が必須となっている。

表 11－4　情報活用能力の育成強化：情報モラル教育の充実
（文部科学省，2023 をもとに筆者作成）

| |
|---|
| 生成 AI の普及も念頭に置き，端末の日常的活用を一層進めることを前提として，保護者の理解・協力を得て，発達の段階に応じて次のような学習活動を強化。 |
| ①情報発信による他人や社会への影響について考えさせる学習活動<br>②ネットワーク上のルールやマナーを守ることの意味について考えさせる学習活動<br>③情報には自他の権利があることを考えさせる学習活動<br>④情報には誤ったものや危険なものがあることを考えさせる学習活動<br>⑤健康を害するような行動について考えさせる学習活動<br>⑥インターネット上に発信された情報は基本的には広く公開される可能性がある，どこかに記録が残り完全に消し去ることはできないといった，情報や情報技術の特性についての理解を促す学習活動 |
| ※これらの活動の一環として，情報の真偽を確かめること（いわゆるファクトチェック）の方法などは意識的に教えることが望ましい。また，教師が生成 AI が生成する誤りを含む回答を教材として使用し，その性質やメリット・デメリット等について学ばせたり，個人情報を機械学習させない設定を教えることも考えられる。<br>文部科学省でも，現場の参考となる資料を作成予定。<br>※上記①～⑥はいずれも学習指導要領解説に記載のある活動。道徳科や特別活動のみではなく，各教科等や生徒指導との連携も図りながら実施することが重要。<br>※ファクトチェックでは複数の方法（情報の発信者，発信された時期，内容，他の情報と比較する等）を組み合わせて，情報の信憑性を確認することが必要。 |

## ■引用・参考文献


教育ネットワーク情報セキュリティ推進委員会（2023）令和 4 年度（2022 年度）学校・教育機関における個人情報漏えい事故の発生状況―調査報告書―第 1.1 版　https://school-security.jp/wp/wp-content/uploads/2023/06/2023.pdf（最終閲覧 2023－12－01）

文部科学省（2014）学びのイノベーション事業実証研究報告書

文部科学省（2014）児童生徒の健康に留意して ICT を活用するためのガイドブック

文部科学省（2017）学校における情報セキュリティ及び ICT 環境整備等に関する研修教材　https://www.mext.go.jp/a_menu/shotou/zyouhou/detail/__icsFiles/afieldfile/2018/04/06/1369637_003.pdf（最終閲覧 2023－12－01）

文部科学省（2021）学校教育情報化の現状について

文部科学省（2023）初等中等教育段階における生成 AI の利用に関する暫定的なガイドライン　https://www.mext.go.jp/content/20230718-mtx_syoto02-000031167_011.pdf（最終閲覧 2023－12－01）

内閣府（2023）令和 4 年度 青少年のインターネット利用環境実態調査，児童生徒の健康に留意して ICT を活用するためのガイドブック　https://www.mext.go.jp/component/ a_menu/education/micro_detail/__icsFiles/afieldfile/2018/08/14/1408183_5.pdf（最終閲覧 2023－12－01）

# 第12章 校務の効率化を支えるテクノロジーの役割

## 1．校務の効率化

### (1) 教職員が行う学校業務

2021(令和3)年に教職課程コアカリキュラムが改訂され，新たに「情報通信技術を活用した教育の理論及び方法」が加えられた。その中で「情報通信技術を効果的に活用した学習指導や校務の推進」が挙げられている。学習指導のみならず，校務の情報化が推進されているのはなぜだろうか。

まず，校務とは学校教育の目的である教育事業に必要な業務全般をいう。教員は，授業計画や実施，評価を行うのみならず，時間割作成や登下校の見回り，部活動の顧問など，学校の内外で多岐にわたる校務に従事している（表12－1）。

国立教育政策研究所（2017）は，教員が担当する業務に関して諸外国との比較検討を行っている（図12－1）。その結果を見ていくと，諸外国と比べ，日本の教員の行っている業務は非常に多くなっている。児童生徒の指導に関わる業務のみならず，諸外国では担当しない場合も多い学校運営や外部対応に関する業務も兼務している。文化的背景や教育システムが異なるため単純比較は難しいが，諸外国では担当しない業務を担当していることは，日本の教員の多忙さや余裕のなさにもつながっていると考えられる。

**表 12-1　学校業務の分類**（梶本，2022 をもとに筆者作成）

| | | ふつうのテスト | | |
|---|---|---|---|---|
| | | 校務（学校事務） | 事務以外の実務 | 授業 |
| 実施者 | 教員 | 教務関連事務<br>（成績処理，通知表作成，<br>教育課程編成，時間割作成等）<br>学籍関連事務<br>（転出入関連事務，指導要録管理，<br>出欠管理等）<br>保健関係事務<br>（健康観察・報告等）<br>各種報告書作成<br>各種お便り作成等<br>学年・学級経営<br>（学級活動，HR，連絡帳の記入，<br>学級通信作成，名簿作成等） | 見回り<br>点検作業等<br>生徒指導<br>部活動・クラブ活動<br>児童会・生徒会指導<br>学校行事<br>職員会議等<br>個別打ち合わせ<br>校内研修<br>保護者・PTA 対応<br>地域対応<br>行政・関係団体対応<br>校務としての研修<br>校外での会議等<br>学校経営 | 授業<br>課外授業<br>授業（補助）<br>授業準備<br>学習指導 |
| | 管理職 | 業務報告<br>稟議<br>予算要求　等 | 見回り<br>点検作業<br>教職員管理・指導等 | |
| | 事務職員 | 出退勤管理<br>出張申請<br>預かり金管理<br>献立作成・報告<br>物品購入・管理<br>各種情報処理　等 | 現業業務<br>見回り<br>保守点検等 | |

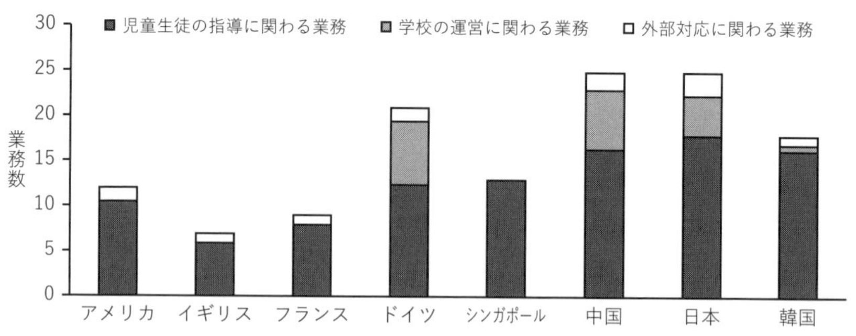


**図 12-1　諸外国と日本の教員業務比較**
（国立教育政策研究所，2017 をもとに筆者作成。教員担当業務とみなされたものを 1，一部担当業務とみなされたものを 0.5 として集計した）

### （2）校務の情報化の目的

日本の教員は校務にどれくらいの時間を費やしているのだろうか。OECD[1]国際教員指導環境調査（TALIS）（2018）によれば，中学校教員の1週間あたりの勤務時間は56時間に上っており，参加国平均38.3時間を大きく上回っている。また，他の参加国よりも費やす時間が多い業務内容としては，「課外活動の指導」が最も多く，それに次いで，「一般的な事務業務（教員として行う連絡事務，書類作成その他の事務業務を含む）」が挙げられている。

さらに，教員が抱えるストレスとしては，「事務的な業務が多すぎること」が最も多く（小学校：61.9%，中学校：52.5%），参加国平均（46.1%）を上回っている。

全日本教職員組合（2023）の教職員勤務実態調査においても，教員の時間外労働時間の問題が指摘されている。それによれば，時間外労働の時間は労働基準法が定める45時間を超える者が半数以上，過労死ラインとされる80時間を超える教員もかなりの割合に上ることが示唆されている。

こうした教員の勤務実態は長年問題視されており，効率的な校務処理による業務時間の削減と教育活動の質の向上を目的に，校務の情報化が推進されるようになった（文部科学省，2019）。例えば，これまでに手書きや手作業で行ってきた校務を電子化，共有することにより，印刷の経済的・時間的コストを節約することが可能である。また，児童生徒の心身の問題や学習過程をデータベース[2]化すれば，教員間の情報共有が円滑になり，チームとして対応することができる。その結果として，一人ひとりの教員が校務に要してきた時間や労力が軽減されることから，教員の心のゆとりや働き方改革につながることになる。さらに，授業や児童生徒への対応に時間を割けるようになることから，一

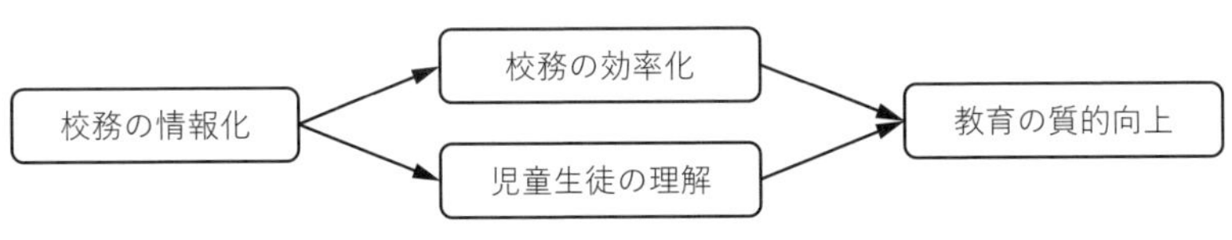


**図12−2　校務の情報化とその効果**

人ひとりの児童生徒の理解が深まり，教育の質的向上にもつながると考えられる。

## 2．校務へのテクノロジー活用

### （1）統合型校務支援システムの導入

統合型校務支援システムとは，「教務系（成績処理，出欠管理，時数管理等）・保健系（健康診断票，保健室来室管理等），学籍系（指導要録等），学校事務系など統合した機能を有しているシステム」である（文部科学省，2018）。

これまでにも各校務を独立的に支援するシステムは存在したが，これらを一元的に管理・共有し，校務全般に必要な機能を備えたシステム構成となっている。中央教育審議会（2017）が統合型校務支援システムによる業務の効率化を提言し，2023（令和5）年には，導入校が81%に上るようになった（文部科学省，2023）。

統合型校務支援システムを提供している企業は複数あり，実装機能もシステムによって異なっている。では，教職員が求める校務支援システムの機能は何であろうか。山本・堀田・宮田・鈴木（2015）は，現職にある教職員に対して，

**表12-2　教職員が求める校務システムの機能要件**
（山本・堀田・宮田・鈴木，2015をもとに筆者作成）

| 主な機能 | 具体的項目 |
|---|---|
| 情報資産の管理 | 電子申請・承認，公文書管理，日誌作成，設備備品の予約，家庭への連絡メール，時数管理 |
| 帳票の作成・印刷 | 出席簿の自動作成，指導要録・調査書の印刷，通知表の「出欠の記録」の自動入力，通知表の印刷，健康診断票の印刷，通知表レイアウトの編集 |
| 成績の処理・印刷 | 評価・評定の自動計算，テスト結果の集計・印刷，成績・所見の入力支援，成績一覧表の印刷 |
| 名簿の作成・管理 | 名簿レイアウトの編集・印刷，在籍人数の把握，名簿への兄弟情報の登録 |
| 状況の把握・共有 | 学修履歴の把握，生徒指導情報の共有，出席状況の把握 |

校務支援システムに求められる機能要件について調査を行い，5つの機能に集約された（表12−2）。さらに，これらの機能に対する必要感を教員・管理職・事務職で比較すると，教員の必要感は「帳票の作成・印刷」「成績の処理・印刷」「名簿の作成・管理」が高くなっていた。このことは，教員にとってこれらの校務に少なからず負担を感じていることをうかがわせるものである。

## （2）校務支援システムの定量的評価

「全国の学校における働き方改革3事例集」（2023）には，各取り組みによって削減できる勤務時間の目安が示されている。学習指導・学習評価の業務に関して，情報化と関連すると思われる項目のみを筆者が抽出したものが表12−3である。すでに校務の情報化を進めている学校もあるため，単純計算は難しいが，学習指導・学習評価を情報化するだけでも，1日1時間程度，勤務を効率化できる定量的な効果があると考えられる。

また，校務の情報化の効果は物理的な時間の短縮だけでなく，教員の主観的評価にも表れている。「校務支援システム導入・運用の手引き」（2016）によれば，校務の情報化による時間短縮効果を教員の7割以上が感じていることが報告されている。このように，校務支援システム等による校務の情報化により，物理的な時間と心理的なゆとりの双方への効果が期待される。

**表12−3　校務支援システム関連業務の削減時間**
（文部科学省，2023をもとに筆者作成）

| 項目 | | 削減時間 | | |
|---|---|---|---|---|
| | | 年 | 週 | 日 |
| 学習指導 | 教材共有 | 21.5 | 0.50 | 0.10 |
| | 週案や学校日誌のデジタル化 | 14.3 | 1.65 | 0.33 |
| | プリントのデータ配布 | 43 | 1.00 | 0.20 |
| | PCから直接印刷 | 43 | 1.00 | 0.20 |
| | 家庭学習のオンライン提出 | 33.3 | 0.83 | 0.17 |
| 学習評価 | 採点システムの導入 | 25 | 0.58 | 0.12 |
| | 小テストの採点の自動化 | 21.5 | 0.50 | 0.10 |
| | 名簿への転記見直し | 10.8 | 0.25 | 0.05 |
| 学習評価 | | 212.4 | 6.31 | 1.26 |

表中の数字の単位は時間（hour）

## （3）校務支援システムの定性的評価

### a．児童生徒に関連する効果

**学習指導の質の向上**　業務の効率化によって，教員は教材研究等の授業力向上に時間を割けるようになる。同じシステムを共用している他校があれば，共有された学習指導案を参考にすることができ，業務の効率化や教育の質の向上につながるだろう。過去の教材をシステム上で共有すれば，それをテンプレートとして修正・再利用することも可能である。また，児童生徒の学習過程や進捗度を統合的に分析・評価できるため，一人ひとりに合った指導を行うこともできる。

**生活指導の質の向上**　統合型校務支援システムを用いて，複数の教員が児童生徒の情報を記録することにより，児童生徒を多角的に理解することにつながり，問題の早期発見や予防に役立つだろう。また，過去の生徒指導実績を記録しておけば，PDCA サイクル[4]に基づいて今後の指導計画に役立てることもできると考えられる。

### b．教職員に関連する効果

**コミュニケーションの向上**　掲示板やメールなどのグループウェアを活用することで教員間のコミュニケーションが円滑に行えるようになるだろう。また，アンケートやオンラインサロン[5]などの機能を用いることで，これまで対面で行われていた意見交換や採択，スケジュール調整などに要していた時間や労力を節約できる。ほかにも，教育委員会や近隣学校との情報共有や意見交換にもシステム活用が可能である。

**業務の質の向上**　これまで紙に手書きしていた業務が電子化することにより，転記ミスが減少し，業務の正確性が向上する。同様に，電子化・保管された出席，成績等を自動的に連携・出力できるため，一つひとつのデータを紙に転記する必要がなくなる。児童生徒の転出入の折には，保管されたデータを当該校間で引き継ぐことも可能である。また，情報系の担当教員に偏っていた校務を他の教員も分担して行えるようになり，作業量の平準化が見込まれる。

**教員の異動への対応**　同じ統合型校務支援システムを利用している学校へ異動した場合には，異動後の学校で仕事の引き継ぎ・理解が円滑に行える。

**セキュリティの向上**　学内での勤務時間の短縮を目指し，ノー残業デーなどの導入を行うと，どうしても仕事を持ち帰ることも出てくるだろう。その際，USB[6]などに保存したデータを紛失，漏洩する事案が発生している。一方，セキュリティ対策を施して学外からデータベース等にアクセスが可能な統合型校務支援システムもあり，リスクマネジメントの面でのメリットもある。

### c．外部（保護者等）に関連する効果

**通知表等への記載内容の充実**　児童生徒の所見を，担任のみならず複数の教職員が入力・共有することが可能である。また，時系列的に学習の進捗が記録されるため，児童生徒の成長や変化を把握しやすい。その結果，個々の児童生徒を深く理解することにつながり，通知表などへの記載内容が充実する。

**外部対応の充実**　台風等による学校対応，近隣の不審者情報など，保護者から個別に問い合わせを受けて対応していたことが，メールや連絡網等を介して情報発信することで，情報共有がスムーズになる。また，保護者からの問い合わせや対応も教職員の間で共有できる。

## （4）校務の情報化の進め方

校務支援システムの導入には少なからず金銭的コストがかかる。そのため，小規模な自治体の教育委員会で導入が進まないこともある。また，校務支援システムはさまざまな企業が開発・提供しているが，教育委員会ごとに導入システムが異なることもあるため，人事異動の際に教師がシステムに慣れるための時間的コストがかかる。

導入するシステムによっては，セキュリティ等により，学外アクセスできず，校務処理が学内に限定されることもある。一方，資料等をクラウド[7]化によって共有したり学外アクセスが可能なシステムにした場合には，セキュリティの問題が生じるだけでなく，教員が仕事を持ち帰り，時間外労働が増える可能性があることにも注意が必要である。また，既存のシステムから後継システムに

切り替えるようなケースでは，データ移行などに時間と労力がかかることがある。独立的に導入されていた学習系システムと校務系システムを統合した場合には，データ連携がうまく運ばないこともあるなど，かえって校務の効率化を阻害するような問題が生じることもある。

このように，校務支援システム導入には金銭的・時間的なコストがかかるため，学校全体がチームとなって導入の検討をしていく必要があるだろう。複数の教育委員会で共有・共用すれば，金銭的・時間的コストを軽減し，有用な情報を共有しあえるメリットがある。また，校務支援システムでは，ニーズに応じて機能をカスタマイズ可能であることもメリットの一つである。しかしながら，導入・運用，人事異動等に伴う問題（例えば，新たなシステムの操作方法を理解するために時間や労力がかかるなどが挙げられる）を考えると，カスタマイズはメリットとデメリットの双方を考慮して慎重に行う必要がある。

## 3．校務の情報化の効果を高めるには

校務の効率化が進むことにより，これまで業務に費やしていた時間を児童生徒の理解や教育活動に費やすことができると見込まれる。しかしながら，校務の情報化の効果を高めるためには，教職員のスキル向上や学校運営の工夫も必要であろう。

### （1）校務に ICT を活用する能力

図 12−3 は，「学校における教育の情報化の実態等に関する調査」（H18 ～ H29）の「校務に ICT を活用する能力」項目（E 項目）に関して，4 段階評価のうち「わりにできる」「ややできる」と回答した教員の割合を示したものである。文章作成ソフト[8]や表計算ソフト[9]を用いたり，インターネットを介した情報収集・共有などの活用スキルは比較的多くの教職員が有しているようだが，少なからず ICT に対して苦手意識を持つ教職員がいることも事実である。

また，登本・高橋（2020）は教職課程の表計算ソフトのスキルについて調査を行っている。その結果，関数[10]やマクロ[11]といった表計算ソフトに特化し

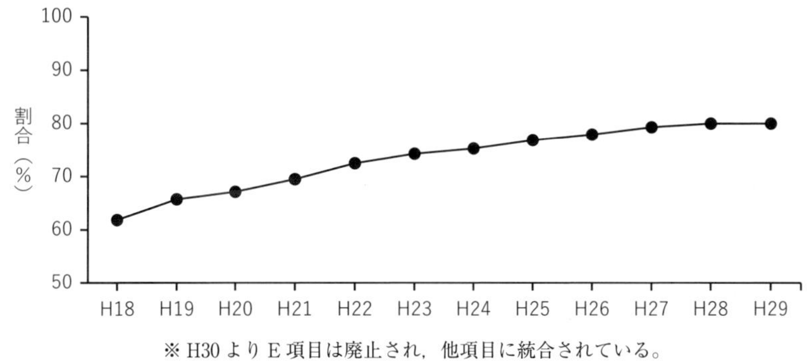


※ H30 より E 項目は廃止され，他項目に統合されている。

**図 12−3　校務に ICT を活用する能力**（文部科学省，2018 をもとに筆者作成）

た機能に関するスキルは十分に獲得されていないことが指摘されている。これらの機能は情報化の効果を高めるものであることから，教職員の ICT の活用能力を高めるための研修やサポートの重要性が示唆される。

### （2）情報分析・収集能力

教育や校務の情報化が進むということは，教職員がアクセスできる情報が飛躍的に多くなることを意味している。しかしながら，人の認知資源[12]は有限であり，情報が多くなりすぎることによって，かえって決断ができなくなったり判断が遅れてしまったりすることも考えられる。そのため，必要な情報に効率よくアクセスすることや，情報を取捨選択するスキルを高めていくことも必要であろう。

### （3）ICT 支援員の導入

文部科学省は教育の情報化に向けた環境整備として，ICT 支援員の配置を推進している。ICT 支援員は，ICT に関する知識や経験，資格を有する専門家で，授業支援，校務支援，環境整備，校内研修のサポートを行う。校務支援に関する主な業務としては，学籍管理・出席管理・成績管理，時数管理・施設管理・服務管理，教員間の情報共有，家庭や地域への情報発信，ホームページ作成などが挙げられる。

ICT 支援員を導入することにより，教員の ICT 活用能力の向上，ICT 活用の機会が増え，教員の負担が軽減する。一方，ICT 支援員を雇用することになることから，財源，人材育成・確保の取り組みも必要である。

■注

1：OECD（Organisation for Economic Co-operation and Development，経済協力開発機構）：(1) 経済成長，(2) 開発途上国援助，(3) 多角的な自由貿易の拡大の 3 つが設立の目的となっている。具体的には，環境，エネルギー，農林水産，科学技術，情報・通信，教育，医療，投資，金融，高齢化，税金，年金・健康保険制度，競争政策に関する活動を行っている。

2：データベース（database）：必要な時にアクセスして活用できるように，大規模なデータを集積し検索できるソフトウェアやサイト等を指す。

3：働き方改革：働く人びとが，個々の事情に応じた多様で柔軟な働き方を，自分で選択できるようにするための改革（厚生労働省，2019）。

4：PDCA サイクル：もともとは，企業の生産性や業務管理を Plan（計画），Do（実行），Check（評価），Action（改善）のように実施する手順である。改善後は再計画→実行……のようにサイクル構造をなしている。PDCA サイクルは，企業のみならず，生徒指導の計画など，教育現場においても活用されている。

5：オンラインサロン：オンライン上でリアルタイムに意見交換を行うことが可能なサービス。Google Meet や Zoom などのように参加者が顔を合わせて意見交換をするようなものもあれば，仮想空間に会議室やアバターなどを設置し，部屋を行き来して室内の参加者と意見交換できるようなものなど，形態はさまざまである。

6：USB（Universal Serial Bus，ユーエスビー）：一般には PC などに外部機器を接続するための端子を指す。USB を介して外部記憶端末を接続し，ファイルの移動や保存，削除を行うものを USB メモリといい，USB と略す場合もある。

7：クラウド（crowd）：クラウドコンピューティング（Cloud Computing）の略。データやソフトウェア，アプリケーションなどをインターネットなどのネットワークを介して共有・利用する仕組みのこと。iClowd や Google Drive，DropBox，Github 等，さまざまなサービスがある。

8：文章作成ソフト：文章作成を主な目的とするソフトウェアの総称。学校現場では書類や指導案，配布資料など，幅広い場面で用いられる。代表的なソフトウェアとしては，Microsoft Word や Apple Pages，Google ドキュメント等が挙げられる。

9：表計算ソフト：主に，数値データを入力し，集計，分析，管理するソフトウェアの総称。学校場面では，出席管理，成績管理などに用いられる。代表的なソフトウェアとしては，Microsoft Excel や Apple Numbers，Google スプレッドシート等が挙げられる。

10：関数（function）：数学的な定義では，ある変数に依存して変動する数字のことを指す。一方，表計算ソフトでは，複数の数値を指定すると，平均値や標準偏差等，複雑な計算式を用いずに自動的に算出することができる計算機能を指す。Microsoft Excel や Google スプレッドシートでは合計値を算出する Sum 関数や平均値を算出する Average 関数など，分析・計算が効率化する多様な関数が用意されている。

11：マクロ（Macro）：作業工程を記録したりプログラムしたりすることで，同じ作業を自動化するもの。Microsoft Office では Word や Excel，PowerPoint などに実装されている。また，マクロとは異なる名称（例えばスクリプト等）で実装されているソフトウェアも多い。

12：認知資源（cognitive resource）：認知とは，注意や思考，記憶といった心の働き全般を指す。よって，認知資源とは，こうした心の働きに割くことができるエネルギーである。人が一度に注意を払える対象には限りがあるし，短期的に覚えていられる情報量にも限界がある。

■引用・参考文献

檜垣賢一（2019）統合型校務支援システム導入時における教職員調査の分析～教育の情報化を業務改善につなげるために～　愛媛大学教職大学院実践研究報告書，3.

梶本佳照（2022）第 5 部 学校の情報化　第 14 章 校務の情報化　堀田龍也・佐藤和紀（編著）教職課程コアカリキュラム対応 情報社会を支える教師になるための教育の方法と技術　三省堂　pp.216-231.

国立教育政策研究所（2017）平成 28 年度プロジェクト研究（児童生徒の資質・能力を育成する教員等の養成，配置，研修に関する総合的研究）報告書

宮田明子・山本朋弘・堀田龍也・鈴木広則（2012）校種や職位の違いが校務支援システムの機能に対する必要感に与える影響　日本教育工学会論文誌，36（Suppl.），205-208.

文部科学省（2018）平成 29 年度 学校における教育の情報化の実態等に関する調査結果（概要）https://www.mext.go.jp/component/a_menu/education/micro_detail/__icsFiles/afieldfile/2018/10/30/1408157_001.pdf（最終閲覧 2023－06－16）

文部科学省（2019）教育の情報化に関する手引　https://www.mext.go.jp/content/20200609-mxt_jogai01-000003284_003.pdf（最終閲覧 2023－06－16）

文部科学省（2023）全国の学校における働き方改革事例集（令和 5 年 3 月改訂版）https://www.mext.go.jp/a_menu/shotou/hatarakikata/mext_00008.html（最終閲覧 2023－06－16）

日本教育工学振興会　http://www2.japet.or.jp/komuict/whatis.html（最終閲覧 2023－06－16）

登本洋子・高橋純（2020）教員養成系大学に属する学生の 表計算ソフトウェアの操作

スキルの習得状況に関する調査　日本教育工学会論文誌，43(4)，467-478.
山本朋弘・堀田龍也・宮田明子・鈴木広則（2015）校務支援システムの機能要件に関する教職員調査の分析　日本教育工学会論文誌，38(4)，377-384.

## リンク集

### （1）教員の勤務実態調査

◀**資料5　教員の職務について**
教員の勤務時間に関する文部科学省の資料

**国立教育政策研究所（教職員の校務　他国との比較）**▶
教職員が行っている校務に関して，諸外国との比較検討を行った調査結果を確認できる。

◀**全教　教職員勤務実態調査2023**　教職員の勤務実態については，文部科学省が行っている調査と全日本教職員組合（全教）が行っている調査がある。こちらは後者が行った2023年度版の結果である。

### （2）校務支援システム

**校務支援システム導入・運用の手引き**　校務支援システムをどのように導入し，導入によってどのような効果が見込まれるか，どのように運用するかがまとめられている。▶

◀**文部科学省（2018）統合型校務支援システムの導入のための手引き**　校務をさらに効率化するために，学習，校務等の支援システムを統合した統合型校務支援システムの導入・運用に関する手引き。

## （3）ICT 活用指導力チェックリスト

文部科学省が公開している教員の ICT 活用指導力チェックリスト。現在の自分の ICT 活用指導力をチェックし，研修すべき点を見つけたり，他の教員，地域と比較することに活用できる。2007（平成 19）年度から導入され，ICT 環境の進展に伴い，2018（平成 30）年に質問項目や選択肢が変更された。

**教員の ICT 活用指導力チェックリスト改訂版（平成 30 年～）**▶

◀**小学校版（平成 19 ～ 29 年）**

**中学校・高等学校版（平成 19 ～ 29 年）**▶

## （4）校務の情報化の事例

◀**鴻巣市「教員たちの働き方変革」教育 ICT 基盤をフルクラウド化 内田洋行・インテル　ショートバージョン**　校務支援システムを導入したことによってどのように働き方が改革されたか，現場の教職員のコメントがまとめられている YouTube 動画。

**【教員たちでできた校務の自動化！】ICT で校務はもっと変えられる。― Microsoft Education ¦ 日本マイクロソフト**　校務支援ソフトウェアである Microsoft Education を導入した学校の教職員が，導入による効果等をインタビュー形式で述べている YouTube 動画。▶

## （5）校務支援に関するソフトウェア

◀**Microsoft Education 連携ソリューション**　校務支援ソフトウェアである Microsoft Education と連携可能な他の校務支援システムがまとめられている。どのような校務支援システムがあるのかを把握することができる。

**システムの森**　校務支援に関するエクセルマクロを公開している。▶席替えや名簿の作成等，校務を効率化するための便利なツールが用意されている。

◀**授業・校務活用素材ポータル**　授業や校務に関連する素材やマクロ等が公開されている。使用場面や目的，学年などによる検索が可能であり，校務の効率化のみならず教育の質の向上にも役立つサイトである。

**Phys-ken のページ**　公立高校の教員が公開しているサイト。採点▶斬りという採点補助ツールが公開されており，解説動画も用意されている。手書きのペーパーテストをスキャナで読み込む仕様になっている。

# 第13章 学習環境のデジタル化と授業改善

## 1．学習環境のデジタル化

### (1) デジタル化とIT・ICT化

広辞苑によると，デジタル（digital）とは「ある量またはデータを，有限桁の数字列（例えば2進数）として表現すること」とある。その対極にあるアナログ（analog）は「ある量またはデータを，連続的に変化しうる物理量（電圧・電流など）で表現すること」とある。例えばデジタル時計は1の次は2，その次は3というように区切って数を表示するが，アナログ時計の針は1と2の間を切れ目なく通過して時間を示している。つまり，連続で切れ目なく示されるアナログの表現を区切って表示することがデジタルであり，両者は文字や画像，音声などにおいて違う表現で示している。コンピュータでは情報（データ）をすべて0と1の数値に細かく区切って対応しているため，学習場面でコンピュータを使用することが学習環境のデジタル化の代名詞となっている。

また，デジタル化された情報（データ）を活用する技術をIT（Information Technology：情報技術）といい，近年ではICT（Information and Communication Technology：情報通信技術）という言葉も使われるようになった（第10章参照）。これは，インターネットを介してコミュニケーションを図ることをイメージするとわかりやすい。なお，インターネットにつながる物（製品）のことをIOT（Internet of Things）といい，PCやスマートフォン以外の通信機能を備えた家電などもこれにあたる。

## （2）学校施設整備指針

2019（令和元）年 12 月に起こった全世界的なパンデミック（新型コロナウイルス感染症の危機）以降，情報技術の環境が爆発的に整備されたことは周知のことである。これは，教育場面における学習環境にも大きな影響を与えた。

学校において教育環境を整えることについては，学校施設整備指針により示されている。文部科学省は 2016（平成 28）年に指針を改訂している。この改訂での特徴は，社会情勢に対応する形で主に中高一貫教育に適した学校施設に関する計画・設計上の留意点を記載していることであった。情報技術に関する事柄は，情報環境の充実について小・中学校では第 1 章総則第 2 節第 1 の 2，高等学校では第 1 章総則第 2 節第 3 の 2，また，情報系設備について小・中学校では第 8 章第 4 の 3，高等学校では第 8 章第 4 の 4 に示されている（表 13–1）。これらの事柄は，小・中学校では 2001（平成 13）年，高等学校では 2004（平成 16）年の改訂で示されたものであった。つまり，情報技術・設備は長い時間をかけて各学校で計画的に進められており，その結果として先のパンデミックにも対応できたものと考えられる。

なお，現行の学校施設整備指針（2022 年）では，「情報」という言葉が「ICT」と表現されるなど，時代に即した改訂がなされている。

## （3）GIGA スクール構想

2019（令和元）年に文部科学省は，GIGA スクール構想を打ち出した。GIGA とは Global and Innovation Gateway for All の略であり，「すべての児童・生徒のための世界につながる革新的な扉」などと訳される。これは，Society5.0 を生きる子どもたちに教育における ICT を基盤とした先端技術等の効果的な活用が求められるとして，2023（令和 5）年までにすべての児童生徒に 1 人 1 台の学習用端末環境下と学校内のネットワーク環境の整備を目指したプロジェクトであり，子どもたちの多様な実情を踏まえ誰一人取り残すことのない学びの実現に向けた取り組みを推進するものであった。このプロジェクトは，パンデミックが顕在化する前から計画されていたものであったが，危機的状況に向か

**表 13-1　情報技術に関する学校施設整備指針**（文部科学省，2016abc より抜粋）

| 指針の内容 | 小学校施設整備指針・<br>中学校施設整備指針 | 高等学校施設整備指針 |
|---|---|---|
| 情報環境の充実に関する指針 | 第1章　総則<br>第2節　2 情報環境の充実<br>(1) 児童の主体的な活動及び自らの意志で学ぶことを支え，高度情報通信ネットワーク社会において生きる力を育てる教育環境の整備や，校務情報化の推進に資するため，校内の情報ネットワークの整備やコンピュータ，プロジェクタ等の情報機器の導入への対応について，積極的に計画することが重要である。<br>(2) 情報を効果的に活用したり，生み出したりするためには，様々な情報を管理できるセンター機能の整備が重要である。 | 第1章　総則<br>第2節　2 情報環境の充実<br>(1) 生徒の主体的な活動や自らの意志で学ぶことを支え，高度情報通信ネットワーク社会にふさわしい教育環境を整備するため，情報ネットワークの整備やコンピュータ，プロジェクタ等の情報機器の導入について,適切な安全管理措置を取りつつ積極的に計画することが重要である。<br>(2) 情報を効果的に活用したり，生み出したりするために，様々な情報を管理できるセンター機能のために必要な空間を計画することが重要である。<br>(3) 教科としての「情報」だけではなく，他教科でも活用したり，日常的な学習活動や生徒会活動，部活動等を支援するために，普通教室や図書室，特別教室，共通空間等にも様々な情報機器や情報ネットワークを計画することが重要である。<br>(4) 学校としての取組や学習活動の成果等について，外部へ情報発信できるよう計画することが重要である。<br>(5) 生徒の出欠状況や多様なカリキュラムの管理，生徒への情報伝達や生徒からのレポート等の提出等，学校運営や施設管理，教員の教科研究や教材作成においても情報機器や情報ネットワークを活用できる環境を計画することが重要である。 |
| 情報系設備に関する指針 | 第8章　第4　3 情報系設備<br>(1) 校内電話，インターホン，校内LAN，テレビ会議等の設備は，利用の目的に応じ，必要とする回線網を適切に確保することのできるようあらかじめシステムを検討し，導入することが重要である。<br>(2) 特別教室，運動施設その他管理関係室から離れている室等には，必要に応じ，校内電話等の通信設備を設けることが望ましい。<br>(3) コンピュータ，視聴覚教育メディア等のネットワークを構築する場合には，ネットワークに組み込まれる各室・空間に，情報用のアウトレットやコンセントを適切に配置することが重要である。<br>(4) 室内，廊下等を含めた校内のあらゆる場所で，急速に変化する様々なメディアに対応できるよう柔軟性を持たせた設計とすることが重要である。<br>以下略 | 第8章　第4　4 情報系設備<br>(1) 校内電話，インターホン，ファクシミリ，校内LAN，テレビ会議等の設備は，利用目的に応じ，必要とする回線網を適切に確保できるようあらかじめシステムを検討し，導入することが重要である。<br>(2) 管理関係室から離れている室等には，必要に応じ，校内電話等の通信設備を設けることが望ましい。<br>(3) コンピュータ，視聴覚教育メディア等のネットワークを構築する場合には，ネットワークに組み込まれる各室・空間に，情報用のアウトレットやコンセントを適切に配置することが重要である。<br>(4) 室内，廊下等を含めた校内のあらゆる場所で，急速に変化する様々なメディアに対応できるよう，床仕上げ，配線等に柔軟性を持たせた設計とすることが重要である。<br>(5) 校内各所への情報端末や各教室へのプロジェクタの設置等についても，将来の対応を含めて十分に検討することが重要である。<br>以下略 |

うと同時に急速に環境が整えられて，子どもが自宅でも授業が受けられることが可能となり結果的に感染症拡大が抑えられた。また，学校のネットワーク環境が整備されたことによって，子どもの欠席・遅刻連絡も IOT 上で行うことができるなど，教員の負担軽減にもつながっている。

## 2．デジタル化と授業改善

### (1) 文部科学省におけるデジタル化推進プラン

現在，私たちの生活には，オンラインでの授業や会議，テレワークなど ICT 技術・デジタルツールの活用が浸透している。今後もデジタル化促進の重要性が増していく中で，的確に対応していくための DX（Digital Transformation）に係る取り組みを推奨するために，文部科学省は 2020（令和 2）年にデジタル推進プランを示した。DX とは，デジタル技術を浸透させて生活をより良いものへと変えてゆくことを意味し，IOT や AI（Artificial Intelligence）技術の活用などがこれにあたる。

デジタル化推進プランは，①教育におけるデジタル化の推進，②デジタル社会の早期実現に向けた研究開発，③「新たな日常」における文化芸術・スポーツ，行政 DX，の 3 つの骨子によって示されている。本章に関連する①教育におけるデジタル化の推進では，GIGA スクール構想の他，大学におけるデジタル活用の推進，生涯学習・社会教育におけるデジタル化の推進，そして，個人の学習等のサポートや教師による個に応じた指導・支援などを目指すための教育データの利活用の推進が挙げられている。

### (2) デジタル教科書

2020（令和 2）年から実施された学習指導要領を見据えて 2019（平成 31）年に「学校教育法等の一部を改正する法律」等関法令が施行され，これまでの紙を媒体とする教科書の他に，必要に応じて学習者用のデジタル教科書の使用を段階的に導入することになった。デジタル教科書とは，「紙の教科書の紙面を内容やレイアウトを変えずにデジタル化し，それにデジタルならではの機能を付けたもの」（文部科学省，2022）である。現段階では，教育課程の一部において教育の充実を図るために必要があると認められること，視覚障害・発達障害等がある，日本語が通じない，およびこれらに準ずる事由により使用できるとされている。これは特に紙の教科書を用いての学習が困難な児童生徒にとって，学習環境が大きく改善されるものであった。

一方で文部科学省は，デジタル教科書の期待されるメリットとして，デジタル機能の活用による教育活動の一層の充実（図表の拡大縮小，書き込み，保存，検索等），デジタル教材等との一体的使用（動画・アニメーション，ネイティブによる朗読，ドリル・ワーク，参考資料，児童生徒の画面の共有，大型提示装置による表示等），特別な支援が必要な児童生徒の学びの充実（音声読み上

**表13-2　デジタル教科書の学習効果（学習者用デジタル教科書実践事例集**
（文部科学省，2022をもとに筆者作成）

| 科目 | 効果 |
|---|---|
| 共通 | ・書き込み機能では容易に削除が可能のため，書き込む活動が促進され自らの考えの形成に役立つ<br>・書き込んだ内容を他のICTツールと組み合わせたり端末画面を友達と見せ合ったりして考えを共有することで多角的に考えたり，対話的に学んだりすることが可能になる |
| 国語 | ・色分け機能により，登場人物の行動や気持ち，文章構造の把握が容易になる |
| 社会 | ・資料の拡大・比較により疑問点を引き出し，主体的な追究活動が可能になる<br>・気付いたり，考えたりしたことを資料に直接書き込めるため，自分の考えをすぐに表現する活動が可能になる |
| 算数<br>数学 | ・画面拡大機能により着目したい内容に集中できる |
| 理科 | ・観察の難しい自然の事物・現象に関する動画・写真，実験器具の使い方等を解説する動画を活用することにより興味・関心を高めたり，深く考察することを助けたりすることができる<br>・観察結果や実験結果を整理するツールの活用で科学的に探究する学習活動を充実できる |
| 英語 | ・音声読み上げ機能により，自分のペースでネイティブ・スピーカー等が話す音声を何回も確認することができる<br>・英語で話されていることを聞いて意味をわかろうとしたり，適切に表現しようとしたりする主体的な学習を促進される |

げ，総ルビ，文字の拡大，リフロー，文字色や背景の変更等）を挙げている。具体的な学習効果については表 13－2 に示した。今後デジタル教科書のあり方等について，その効果・影響を検証しつつ次の小学校教科書改訂（2024）見据えて検討するとしている。

### （3）学習活動におけるデジタル化の影響

これまでにおいても，デジタル機器（タブレット PC）を使用することで，学習活動への影響は知られている。例えば，榊原・松澤・水落・八代・水越（2017）は，小学生を対象としてアクティブラーニングとして例示されているディベートにおいて，聞き手児童がタブレット PC に意見やメモ等を双方向的に記入し，全体のスクリーンにその思考状態を可視化することによる影響について検討している。その結果，聞き手児童の集中が増し，積極的な行動が見られ，学習意欲の向上につながる可能性を示唆している。

体育授業においては，高柳・堤・福本（2014）によると，小学校高学年の跳び箱の授業において 1 人 1 台タブレット PC を使用して友達同士で撮影しあったり理想的な動きの動画を確認できるようにしたりして実践したところ，児童の学習意欲や技能，思考力について効果があることを示唆している。さらに，山本・坂本（2018）は，小学校の体育授業において授業の様子を撮影して，タブレット PC を持ち帰り映像を家庭で視聴して振り返りをすることで，個人やチームの動きやその改善点への気づきを高めるのに有効であることを示した。

他に知的障害児の漢字書字学習において，タブレット PC を用いてなぞり書き課題，漢字を 3 秒間提示後に書字させる課題等による学習の有効の効果が認められている（成田・大山・銘苅・成川・吉田・雲井・小池，2016）。また，渡邉・向後（2012）は，大学生を対象とした研究ではあるが，教員が授業を進めるためにプレゼンテーションソフトを用いて授業をする際の効果的な提示方法について報告している。そこでは，語句レベルの記憶学習には文章がない画像のみの提示，学習内容の理解についてはアニメーションを付加した画像が効果的であり，学習者はアニメーションを付加した画像と文章を組み合わせた提示方法がわかりやすいと主観的に認知していることを示唆している。

### (4) 児童生徒のタブレット PC 使用のルール

GIGA スクール構想により児童生徒 1 人 1 台端末の時代となり，学校での使用の他に宿題や次の日の時間割・予定の確認など，自宅に持ち帰って子どもたちが使用する機会が多くなっている。これは学習環境が改善している半面，タブレット PC の長時間使用にともなう問題が考えられている。文部科学省は特に健康被害を懸念し，「タブレットを使うときの 5 つの約束（小学校：やくそく）」をリーフレットで示している。その内容は，①タブレットを使うときには目から 30cm 以上離して姿勢よくする，② 30 分に 1 回は目を離して 20 秒以上遠くを見る，③就寝の 1 時間前からは使わないようにする，④目が乾かないように瞬きをしたりして目を大切にする，⑤勉強に関係のないことに使ったりしないなどルールを守る，が挙げられている。また，保護者用のリーフレットでは，子どもがインターネット上での犯罪の被害者・加害者にならないように指導することを促している。

■引用・参考文献

文部科学省（2016a）小学校施設整備指針
文部科学省（2016b）中学校施設整備指針
文部科学省（2016c）高等学校施設整備指針
文部科学省（2022）学習者用デジタル教科書実践事例集
成田まい・大山帆子・銘苅実土・成川敦子・吉田友紀・雲井未歓・小池敏英（2016）中学校特別支援学級在籍の知的障害児における漢字書字の効果に関する研究：タブレット PC 活用による視覚的記憶法に基づく検討　東京学芸大学紀要　総合教育科学系Ⅱ，67，15-134.
榊原範久・松澤健彦・水落芳明・八代一浩・水越一貴（2017）タブレット型端末を利用した同期型 CSCL による思考の可視化がディベートに参加する聞き手の学習意欲に与える効果に関する研究　科学教育研究，41(2)，85-95.
高柳元・堤公一・福本敏雄（2014）体育授業における ICT 利活用教育の効果―跳び箱運動におけるタブレット PC の利活用について―　佐賀大学教育実践研究，31，73-90.
渡邉文枝・向後千春（2012）タブレット端末における教材の提示方法が学習に及ぼす影響　日本教育工学会論文誌，36，109-112.
山本朋弘・坂本博紀（2018）小学校体育学習でのタブレット端末持ち帰りによる映像視聴の効果　日本教育工学会論文誌，42，49-52.

# 第14章 ICT活用の実際

この章では，「教育の情報化に関する手引」（文部科学省，2020）を参考にしながら，特に「情報活用能力の育成」「教科等の指導における ICT の活用」「教師に求められる ICT 活用指導力等の向上」について学んでいく。

## 1．学校教育における ICT の活用のポイント

### （1）学校教育の情報化への対応

1990（平成 2）年に当時の文部省が「情報教育に関する手引」を作成し，情報教育に関する国の方針を示した。その後，2002（平成 14）年に文部科学省は，情報化の進展と情報教育の重要性の高まり，学習指導要領の改訂に伴い「情報教育の実践と学校の情報化」を公表した。さらに 2009（平成 21）年に，小学校および中学校ならびに特別支援学校の学習指導要領に対応した「教育の情報化に関する手引」を，翌年には高等学校用に内容を追補した手引きを公表した。このように，情報化の進展や学習指導要領の改訂などにあわせて手引の作成が行われている。

ここまでの章でも取り上げられてきたとおり，新たに改訂された学習指導要領で「情報活用能力」が，学習の基盤としての資質・能力と位置づけられた。そのため，この能力を育成する環境を整備すること，教育の情報化に対する指導内容等を充実させることが求められることとなり，2019（令和元）年に文部科学省は「教育の情報化に関する手引」を作成した。これは学校や教育委員会が情報化に対応できるようにするため，参考となるような具体的な手立てや取り

組みをまとめて示したものである。そして，2020（令和 2）年にはこの手引の「追補版」を公開した。追補版が公開された理由として文部科学省は，環境整備関連予算の具体的な進め方やイラストの追加などを行ったためと述べており，章や節などの内容構成に変更はない。

### （2）ICT の活用のポイント

「教育の情報化に関する手引」の目次を表 14-1 に示した。表からわかるとおり，「プログラミング教育」「デジタル教科書」「遠隔教育」「先端技術」「健康面への配慮」などが新たに加えられている。また，ICT を活用した指導の具体例も掲載されており，それは各学校段階と教科ごとに示されている。この手引を活用することが，学校教育における ICT の活用のポイントとなる。だが，近年の情報化の進展は日々刻々と変化していることから，学校等においては常に最新情報を入手することを心がける必要がある。

さらに，わが国の学校教育への ICT 活用状況は，必ずしも国際的にみて進んでいるとはいえず，ICT の環境も地域差が大きいのが実情である。すでに他の章で述べられているとおり，経済協力開発機構が 2018 年に行った生徒の学習到達度調査の ICT 活用調査では，北欧諸国が上位であり特にスウェーデンは各教科で ICT 機器を利用しており，週あたりの教室内授業でのデジタル機器使用時間がもっとも長いという結果であった。一方で，わが国のデジタル機器の使用時間は，OECD のなかでもっとも低いという結果となった。こういった経緯もあり，学習指導要領で「情報活用能力」が学習の基盤となる資質・能力と位置づけ，その育成を図る一因ともなった。地域差については，「学校における教育の情報化の実態等に関する調査」（文部科学省，2022）でも「ICT 教育による地域格差」「ICT 研修の受講率」「ネットワーク環境」で地域に格差が認められると報告している。

そのため私たちは，わが国や赴任先の ICT 関連の状況をしっかりと把握したうえで，児童生徒の教育に携わらなければならない。前掲の手引の第 1 章で「社会的背景の変化と教育の情報化」が掲げられているのには，こういった理由も含まれていると考えられる。

表 14-1　教育の情報化に関する手引の目次（文部科学省，2020）

| 第１章　社会的背景の変化と教育の情報化 |
|---|
| ○社会における情報化の急速な進展と教育の情報化　○学習指導要領の理念<br>○学習指導要領における教育の情報化の位置付け<br>○特別支援教育における教育の情報化<br>○教育における ICT 活用の特性・強み及びその効果 |
| 第２章　情報活用能力の育成 |
| ○これまでの情報活用能力の育成<br>○学習の基盤となる資質・能力としての情報活用能力<br>○情報活用能力の育成のためのカリキュラム・マネジメント<br>○学校における情報モラル教育 |
| 第３章　プログラミング教育の推進 |
| ○プログラミング教育の必要性及びその充実<br>○小学校段階におけるプログラミング教育 |
| 第４章　教科等の指導における ICT の活用 |
| ○教科等の指導における ICT 活用の意義とその必要性<br>○ ICT を効果的に活用した学習場面の分類例と留意事項等<br>○各教科等における ICT を活用した教育の充実　○特別支援教育における ICT の活用 |
| 第５章　校務の情報化の推進 |
| ○校務の情報化の目的　○統合型校務支援システムの導入<br>○校務の情報化の進め方　○特別支援教育における校務の情報化 |
| 第６章　教師に求められる ICT 活用指導力等の向上 |
| ○教師に求められる ICT 活用指導力等　○教師の研修　○教師の養成・採用等 |
| 第７章　学校における ICT 環境整備 |
| ○ ICT 環境整備の在り方　○遠隔教育の推進　○ ICT 活用における健康面への配慮<br>○デジタル教科書やデジタル教材等　○先端技術の導入　○教育情報セキュリティ |
| 第８章　学校及びその設置者等における教育の情報化に関する推進体制 |
| ○教育委員会及び学校の管理職の役割<br>○ ICT 支援員をはじめとした外部人材など，外部資源の活用 |

※特別支援教育における教育の情報化：各章において特別支援教育関係の記述

## （3）情報活用能力の育成

文部科学省は情報活用能力について，「情報活用能力をより具体的に捉えれば，学習活動において必要に応じてコンピュータ等の情報手段を適切に用いて情報を得たり，情報を整理・比較したり，得られた情報を分かりやすく発信・伝達したり，必要に応じて保存・共有したりといったことができる力であり，さらに，このような学習活動を遂行する上で必要となる情報手段の基本的な操作の習得や，プログラミング的思考，情報モラル，情報セキュリティ，統計等に関する資質・能力等も含むものである」としている（文部科学省，2019）。つまり，情報を使いこなす能力といえよう。

さらに，この能力を育成するために「教科等の枠を越え，各学校のカリキュラム・マネジメントの実現を通じて，確実に実現すべき」とも述べている。先の OECD の問題のうち正答率が低いものの特徴は，Web サイトから必要な情報を見つけるなどの課題であった。PISA 用というわけではなく，現在はコンピュータ上で実施する課題を適切にクリアする能力を有することが必須である。そのためにも情報活用能力の育成が必要となる。

## （4）バランスのとれた力を育成するために

情報活用能力については「情報活用の実践力」「情報の科学的な理解」「情報社会に参画する態度」の 3 つの観点が示されている。これを舟生（2012）は「情報活用の実践力」を「情報を，集める，まとめる，作る力，その作り手のことを考えて判断する力，相手のことを考えて，表現したり伝える力」と平易な言葉で説明している。同様に「情報の科学的理解」を「情報をよりよく伝えるためにはどうすればよいかを知っていること」と説明し，「情報社会に参画する態度」は「他の人たちに迷惑をかけない姿勢，他の人たちと，より善く，仲良く，生きていこうとする態度」と述べている。

この 3 つの観点は相互に関連していることから，バランスのとれた力を育成することが重要となる。そこで舟生は，3 つの観点それぞれを 3 つの要素に分解し，要素間の関連をベン図で示した（図 14−1）。児童生徒の活動をこの図に

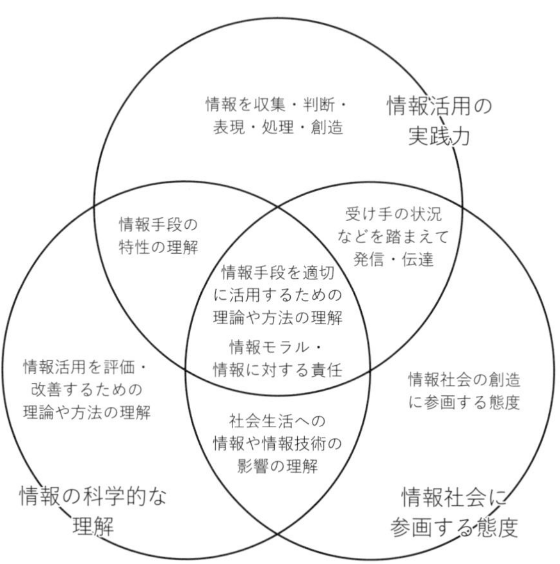


**図 14−1　情報活用能力の 3 つの観点のベン図**（舟生，2012）

当てはめて考えることで，3 つの観点との関連を把握することが可能となる。また，教師が ICT 教育を行う際に，この図を活用することでどの観点を育成しようとしているのかを捉える助けとなるだろう。

## （5）教科等の指導における ICT の活用

前出の手引では，教科等の指導における ICT の活用について 10 の場面に分類している。それは，一斉学習と個別学習，協働学習の 3 つの分類と，それをさらに細分化したものである（図 14−2）。

図 14−2 のように，ICT 活用では「一斉学習（A1）により，児童生徒に学習課題を明確に意識させることで，個別学習（B1，B2，B3）などのその後の学習活動における学習を深めることができる。また，個別学習（B1，B2，B3）を行う際には，その個別学習を踏まえた協働学習（C1，C2）を行うことを意識させておくことで，児童生徒は見通しをもって個別学習に取り組むことができる」としている。

**図 14-2　学校における ICT を活用した学習場面**（文部科学省，2020）

さらに手引では，「各教科等における ICT を活用した教育の充実」で，小中高の順に教科等ごとに具体例が示されている。ここでは中学校の保健体育の例を表 14-2 に掲げる。中学校の保健体育では，「心と体を一体として捉え，生涯にわたって心身の健康を保持増進し豊かなスポーツライフを実現するための資質・能力を育成することを目指している」とその目的を記載している。そして，表 14-2 にある保健体育の特性を把握したうえで，表の 7 つの場面における ICT の効果的な活用を示している。保健体育のみならず，各教科等で育成したい資質・能力，当該教科等の特性，ICT 活用のメリットなどを把握したうえで導入の可否を検討することが重要となる。

### （6）教師に求められる ICT 活用指導力等の向上

児童生徒の情報活用能力を育てるためには，教師が ICT を効果的に活用し，指導することが必須となろう。教師は ICT を用いた指導の大切さを認識し，校内外の研修等で自己の ICT 活用能力を向上させ続けることに努めなければならない。ここでは前出の手引に沿って，教師の ICT 活用指導力の向上のための取り組みについて述べることとする。

表 14−2　中学校保健体育における ICT を活用した教育の充実の例
（教育の情報化に関する手引：文部科学省，2020 をもとに筆者作成）

| 教科及び領域の特性は，運動場や体育館等で手軽に用いることができること，操作等に時間を要しないこと，短時間で繰り返し活用できること等に留意することが重要である。 |
|---|
| ①生徒の学習に対する興味・関心を高める場面<br>「運動の特性や成り立ち」「技の名称や行い方」「模範となる動き」を映像等で確認することで，知識や技能などに関する理解の深まりや，学習内容に対する興味・関心を高めることが期待できる。<br>②生徒一人ひとりが課題を明確に把握する場面<br>自己の動きを情報機器で撮影し，その場で確認することで課題を明確に把握するとともに，課題の解決法を思考，判断し，選択する際の参考とすることが期待できる。<br>③動きを撮影した画像を基に，グループでの話合いを活性化させる場面<br>試合や発表を撮影し，グループ活動後，個人の動きや仲間との連携等を振り返ることで，指摘し合ったり，話し合ったりするなど，自己の考えを表現するための資料とすることが期待できる。<br>④学習の成果を確認し，評価の資料とする場面<br>画像等の確認で，①個々の課題を確認し，次時の学習課題を設定するための資料とする，②時系列や学習課題ごとに整理し，生徒の学習過程を振り返り，指導改善や多角的評価の資料とする，ことが期待できる。<br>⑤動画視聴による課題発見，課題解決の場面<br>傷害の防止の単元で，ビデオ教材などを視聴し，二次災害などについて実感をもたせることで，自然災害による傷害を防止するための行動を工夫するなど主体的な取り組みが期待できる。<br>⑥アンケート機能の活用による生徒の意見を効率的に可視化する場面<br>情報機器を活用して生徒個々の意見をすぐに集約し全員にフィードバックでき，クラス全体の考え方を即座に把握できることで①新たな考えを導き出す，②理由を考える，ことを促すことが期待できる。<br>⑦情報の収集や表現をする場面<br>課題学習などで ICT の活用で情報収集や管理を効率的に行うことができ，それらを他者に伝える際にプレゼンテーションソフトなどで,効果的な伝達が可能となり，生徒の主体的な活動が期待できる。 |

### a．教師に求められる ICT 活用指導力等

文部科学省は手引のなかで，「教員の ICT 活用指導力チェックリスト」（第 12 章参照）を公表し，ICT 活用指導力の基準として示している。図から読み取れるように，「A」は，授業設計や教材研究，授業評価に関する能力，「B」は，教師が ICT を活用する能力，「C」は，児童生徒の ICT 活用を教師が指導する能力，「D」は，児童生徒に必要な情報モラルや情報セキュリティなどを教師が指導する能力である。教師は自己の ICT 活用能力と，児童生徒への指

導能力を身につけることが求められている。

文部科学省はチェックリストで調査を実施しているが，その結果から教師のICT 活用指導力に比べ，児童生徒へのICT 活用を指導する能力については向上が必要と述べている。高度情報化が進むなかで，教師には絶えず研鑽を積むことが求められているのである。

### b．教師の研修

教員がICT を効果的に活用する教育方法を習得するためには，研修等を充実させていくことが必要となる。文部科学省は「校内研修リーダー養成のための研修手引き」(2015) で，教師の校内研修リーダーの存在が大切であるとし，その養成に向けたモデルカリキュラム（表 14−3）を示した。この研修手引きには，ICT を活用した学習場面，ICT 活用の意図，単元指導計画のICT 活用場面について記載されている。ここでは，モデルカリキュラムのみ掲載し，章

**表 14−3　校内研修リーダー養成研修モデルカリキュラム**（文部科学省，2015）

| No. | モジュール名 | 育成したい能力 | 所要時間（目安） |
|---|---|---|---|
| ① | 推進普及マネジメント | 校内マネジメント力 | 20 分 |
| ② | 研修計画策定／実施方法 | 校内マネジメント力 | 15 分 |
| ③ | ICT 活用デモ | − | 5 分 |
| ④ | 教育情報化概論<br>（教育の情報化の全体像） | ICT 授業設計力[3]，校内マネジメント力<br>ICT 活用力[4]，授業力 | 15 分 |
| ⑤ | 教育情報化トレンド<br>（最新動向） | ICT 授業設計力，校内マネジメント力 | 15 分 |
| ⑥ | 先進・優良事例紹介 | ICT 授業設計力，校内マネジメント力<br>ICT 活用力，授業力 | 15 分 |
| ⑦ | 授業 ICT 活用ポイント | ICT 授業設計力，校内マネジメント力<br>ICT 活用力，授業力 | 15 分 |
| ⑧ | スキルアップに向けた<br>心構え | ICT 授業設計力，校内マネジメント力<br>ICT 活用力 | 15 分 |
| ⑨ | ICT 活用授業設計 | ICT 授業設計力，校内マネジメント力<br>ICT 活用力，授業力 | 10 分 |
| ⑩ | 授業設計ワークショップ | ICT 授業設計力，校内マネジメント力<br>ICT 活用力 | 60 〜 80 分 |

末の QR コードを使用して各々で研修手引きを参照してほしい。

### c．教師の養成・採用等

教育における ICT 活用をより活性化させるためには，一定の情報活用能力を有した教師を採用することが有効と考えられる。そのため，2019（平成 31）年に「教育の方法及び技術」に加えて「各教科の指導法」の科目に「情報機器及び教材の活用」を含めた内容で，新しい教職課程が大学等で開始されることになった。この制度のもとで新たに教員免許状を取得する者には，一定の ICT 活用指導力があると想定できる。

また，採用に関して各都道府県等においては，教員の採用の際には前掲の「教員の ICT 活用指導力チェックリスト」などを参考にして選考を行うことなどが考えられている。さらに，学校全体のことを考えると情報教育充実の面からは，中学校「技術」や高等学校「情報」の免許を有する教員を配置することが必要となっている。

## 2．e ラーニング

### (1) e ラーニングの利点と課題

e ラーニングは「コンピュータやインターネット等の IT 技術を活用して行う学習のこと。コンピュータやネットワークさえあれば時間や場所を選ばずに学習でき，個々の学習者の能力に合わせて学習内容や進行状況を設定できる等の利点がある」（文部科学省）である。つまり，PC などを使ってインターネットを利用して学ぶ学習形態のことである。以下に e ラーニングの利点のいくつかをあげる。

① 比較的低コストで運営することが可能である。また，作成した教材などの修正や改変が容易なため，常に最新の学習教材を提供することができる。もちろん，そのためには教師の ICT 活用能力を高める必要がある。

② 提供する教育の質を均等化させることが可能である。また，予習や復習，

異なる学習法の組み合わせで学びの効率化を図ることで，学習成果を高めることができる。

③　さまざまな情報を一元的に管理することが可能である。教育の方法や学習の進捗状況，フィードバックの内容などを蓄積することができる。また，成績などの管理も含むことができる。

④　時間や場所の制限が厳しくないため，これまで出席が難しかった児童生徒へサービスを提供することが可能となる。上記の②にも関連するが，児童生徒の状況や理解度に合わせて学習の内容を提供することができる。

以上のような利点を把握したうえで，メリットを活かした実践が求められる。また，利点がある一方で課題もいくつかあがっている。

①　教師のICT活用指導力に左右される可能性が高い。これについては，上述の「(6) 教師に求められるICT活用指導力等の向上」等を参照してほしい。ICTに慣れていない教師の場合には，学習教材を製作する際の手間やコストがかえってかかってしまうおそれがある。

②　モチベーション維持が困難な可能性がある。これは利点の④であげた時間や場所の制約のゆるやかさから生じている。また，情報機器やインターネット環境が必要であり，これらが児童生徒に同等に準備されているという前提条件がないと学習が困難な場合がある。

③　体験学習や実践，実習に不向きである。しかし，最近のeラーニングではVR（Virtual Reality）を使った体験学習や，eラーニングを使ったアクティブラーニングへと改善が図られている。もちろん，それに伴いVRやアクティブラーニング用の教材を準備する必要があり，技術やコスト面での課題はある。

これからも情報技術の進歩に伴って，新たな教育方法が生み出されていくであろう。教師等には，自身のICT活用指導力を向上させ続けることを期待したい。

## （2）文部科学省 CBT システム（MEXCBT ：メクビット）

児童生徒が学校や家庭で，ICT を活用した学習ができるようにするため，文部科学省は「文部科学省 CBT システム（MEXCBT ：メクビット）」を開発し展開している。これは，オンライン上で公的機関等が作成した問題を活用することが可能となる，公的 CBT（Computer Based Testing）プラットフォームである。図 14−3 にそのメリットを示した（文部科学省，2023）。

2021（令和 3）年から希望する全国の小・中・高等学校等で活用をスタートし，2023（令和 5）年 6 月現在では約 2.5 万校（約 800 万人）が活用している。つまり，公立小学校の 70％以上，公立中学校のほぼすべてで MEXCBT が導入されていることになる。児童生徒に「デジタルならでは」の学びの実現を目指している MEXCBT については，「文部科学省 CBT システム（MEXCBT ：メクビットについて（令和 4 年 9 月 21 日）の動画（本章 4（2）を参照）も公開されており，使用方法等について事前に学んでほしい。

**１．調査問題の充実・多様化**

○動画、音声や試行錯誤が可能なCBTの特性を活かして、**「思考力」や「問題発見・解決能力」**などのこれまで測定が困難だった能力の測定が可能

**２．学力等の年度間比較や伸びの把握や、能力を伸ばす要因の推論が可能に**

**３．フィードバックの充実**

○自動採点技術活用による**結果の迅速な返却**
○解答に加えて、操作ログ等の分析による児童生徒のつまずき等に関する**多角的な分析**

**４．実施の改善・効率化**

○調査実施にかかる**学校現場の負担や事業経費の軽減**（問題冊子等の配布・回収、確認・管理等）
○**調査日の柔軟な設定**が可能
○**特別な配慮が必要な児童生徒**への**多様な対応**（音声・読み上げ・文字の大きさの調整等）
○問題を共有することにより**プールされる問題数**が増えれば、作成にかける労力を軽減可能

「全国的な学力調査のCBT化検討ワーキンググループ最終まとめ」（令和3年7月）や
独立行政法人大学入試センター「大規模入学者選抜におけるCBT活用の可能性について」（令和3年3月）に
基づき整理

図 14−3　CBT（Computer Based Testing）化のメリット（文部科学省，2023）

## 3．プレゼンテーション

### (1) ICTを使用したプレゼンテーションの利点

学校でのICT活用の利点の一つとして，学習にプレゼンテーションを取り入れることがあげられる。文部科学省の学校におけるICT環境整備の在り方に関する有識者会議は，2017(平成29)年に「次期学習指導要領で求められる資質・能力等とICTの活用について」のなかで，「教育用コンピュータでできること」の一つに「見せる」をあげている。児童生徒が自身の考えを伝える際，プレゼンテーション用の資料を作成し，それを示しながら説明するといった学習を行うことができる。こういった学習によって，児童生徒の発言を増やす，協働的な学習を進める土台とする，大きく画面に映すことができるといった利点がある。

### (2) プレゼンテーションの方法

より良いプレゼンテーションのためには，資料をシンプルで見やすくすることや，伝えたいことをはっきりさせることなどが大切である。児童生徒やそのグループが調べた情報を整理し，論理的に根拠を示しながら発表するためにはさまざまな方法がある。以下にいくつかの方法を列記するが，教科や発達段階を考えて使用する方法を選択してほしい。

#### a．ピラミッドストラクチャー

結論と根拠をセットにして論理的に伝えるための方法がピラミッドストラクチャーである。一般的には，ピラミッド型に作図しながら情報をまとめて整理するのだが，その際に結論を頂点にして下に根拠を並べる。伝えたいこととその根拠を図式化することで情報を整理し，主張と根拠の関係性を示すことができる方法である。

### b．ロジックツリー

問題や課題をツリー状に分解し，可視化することで複雑な課題の原因や解決法を導き出す方法がロジックツリーである。取り扱う課題を，大きな要素から小さな要素へと枝分かれしていくよう階層化してまとめていく。課題を達成する方策や原因を掘り下げる方法として使用できる。その際には，あらゆる可能性を挙げつくすことがポイントになる。

### c．ホールパート法

伝えたい結論（Whole）→詳細（Part）→最終結論（Whole）という順で話を進める方法がホールパート法である。はじめに結論を示し，その結論に関する詳細を次に説明し，最後に結論を繰り返すというものである。結論と結論で詳細を挟み込むような構成であるため，伝えたいことが明確になり，詳細な説明も含めて印象が残りやすい。

### d．PREP 法

Point（結論）→ Reason（理由）→ Example（具体例）→ Point（結論）の順で話を進める方法が PREP 法である。ホールパート法と同様に結論をはじめと終わりに繰り返し，伝えたいことに対する理由を具体例とともに説明することで伝達力があがる。具体例を設定しているため，プレゼンテーションをする側にも準備段階でグループ内のイメージを共有しやすくなる。

### e．SDS 法

Summary（要点）→ Details（詳細）→ Summary（要点）の順で話を進める方法が SDS 法である。上述の方法と同様に，はじめに伝えたいことを，続いてその詳細や理由を説明し，最後に再度要点をまとめとして伝達する。この方法では，ひとつの要点を詳細に説明することと，詳細の部分に重点がおかれているのが特徴とされている。

## 4．ICT 活用の実際

学校教育における ICT 活用の実際については，これまで多くの実践例が蓄積されている。ここでは各教科と特別支援教育における実際に分けて記すこととする。それらの実践例の多くはインターネット上で閲覧できるため，必要に応じて掲載した QR コードにアクセスし，自主的な学習に役立ててほしい。

### （1）各教科における ICT 活用の実際

◀文部科学省（2020）「各教科等の指導における ICT の効果的な活用について」

山形県教育委員会（2021）「ICT 教育推進拠点校による実践事例」　特に「ICT 活用に役立つ参考資料」p.20-21. ▶

◀文部科学白書（2018）「映像作品や ICT を活用した教材の普及・奨励」p.395.

### （2）特別支援教育における ICT 活用の実際

発達障害等で学習困難のある児童生徒に対して，学習をサポートする手段として ICT の活用が期待されている。

文部科学省（2020）「特別支援教育における ICT の活用について」▶

◀東京都教育庁指導部特別支援教育指導課（2017）「発達障害のある児童に対するICT機器等の導入ガイド」

文部科学省（2014）「発達障害のある子供たちのためのICT活用ハンドブック」特別支援学級編▶

◀文部科学省（2014）「発達障害のある子供たちのためのICT活用ハンドブック」通級指導教室編

文部科学省（2014）「発達障害のある子供たちのためのICT活用ハンドブック」通常の学級編▶

◀文部科学省（2022）「文部科学省CBTシステム（MEXCBT：メクビット）について（令和4年9月21日）」

■引用・参考文献

舟生日出男（編）（2012）教師のための情報リテラシー　ナカニシヤ出版

文部科学省　用語解説　https://www.mext.go.jp/b_menu/shingi/gijyutu/gijyutu4/toushin/attach/ 1301655.htm（最終閲覧 2024－01－10）

文部科学省（2015）教員のICT活用指導力向上方法の開発　https://www.mext.go.jp/component/a_menu/education/micro_detail/__icsFiles/afieldfile/2018/08/10/wg3tebiki.pdf（最終閲覧 2023－12－01）

文部科学省（2019）次世代の教育情報化推進事業（情報教育の推進等に関する調査研究）成果報告書「情報活用能力を育成するためのカリキュラム・マネジメントの在

り方と授業デザイン―平成 29 年度　情報教育推進校（IE-School）の取組より―」
文部科学省（2020）教育の情報化に関する手引（追補版）
文部科学省（2022）学校における教育の情報化の実態等に関する調査
文部科学省（2023）文部科学省 CBT システム（MEXCBT：メクビット）について https://www.mext.go.jp/content/20231220-mxt_syoto01-000013393_2.pdf（最終閲覧 2024-01-10）
文部科学省・国立教育政策研究所（2019）OECD 生徒の学習到達度調査 2018 年調査（PISA2018）のポイント
鈴木直樹・鈴木一成（編）（2019）体育の「主体的・対話的で深い学び」を支える ICT の利活用　創文企画

# 第15章 学習指導案の作成

## 1．学習指導案作成の意義

### （1）学習指導案とは

授業を行うにあたっては，児童生徒に「どのような力を身につけさせたいか」という授業のねらいを明確にする必要がある。そして，そのねらいを達成するために，どのような内容をどのように指導するのか，また，ねらいがどの程度達成できたのかを確認するなど，指導内容や指導方法，評価規準や評価場面，評価方法等について綿密に考えておく必要がある。こうした授業の指導計画案が学習指導案である。

### （2）学習指導案の役割

#### a．授業の設計図

学習指導案は，学校教育活動の要である各教科等の授業を実施するにあたって，児童生徒が，「何を学ぶのか」「どのように学ぶのか」という授業の内容や手順を具体的にした授業の設計図であり，実際の授業を進めていく際の進行表の役割を果たす。

#### b．共通理解のための資料

学習指導案は，作成した本人がわかればよいというものではない。他の人が読んだときに，授業のねらいや指導の工夫や留意点，支援や評価の方法等を理解できるものであることが重要である。さらに，授業者の思いや授業の意図が伝わるとともに，学ぶ児童生徒の姿が浮かび上がるようなものであることが望ましい。このようなことから，学習指導案は，共通理解のための資料としての重要な役割を果たす。

### c．授業実践の記録

授業終了後の研究協議会等では，児童生徒の様子や教師の指導を振り返り成果や課題を明らかにしていくことが重要である。その際，児童生徒の反応や指導計画の変更点等さまざまな書き込みがされた学習指導案は，授業実践の記録としての役割を果たす。

## 2．学習指導案の作成

### （1）学習指導案の形式

学習指導案の形式は，特に決まった形式はなくさまざまである。保健体育の学習指導案を例として記入すべき項目を以下に列挙する。

「学校名・日時・場所・ 学年組・男女別生徒数・授業者名等」
① 単元名
② 運動の特性（一般特性・児童生徒から見た特性）
③ 児童生徒の実態
④ 教師の指導観
⑤ 単元の目標
⑥ 単元の評価規準
⑦ 単元計画（領域の取り上げ方・運動種目・指導と評価の計画）
⑧ 本時の学習と指導（本時のねらい・準備・展開）
⑨ 資料

## （2）記入内容と具体例

### a．単元名

主として指導する種目や運動の内容をまとめたものを記入する。

小学校の場合

・教材名（領域の内容名）

中・高等学校の場合

・領域選択の場合：選択させる領域名（自分が担当する運動種目等）

・運動種目等選択の場合：領域名（自分が担当する運動種目等）

例）「球技」（ネット型・バレーボール）

### b．運動の特性

具体的な単元の目標と内容を導き出す手がかりとする。

① 一般的特性

欲求の充足あるいは必要を充足する機能を中心に捉え，児童生徒にとって種目の一般的な魅力や特徴（機能的特性）を明らかにする。

② 児童生徒から見た特性

児童生徒の実態を踏まえ，学習する児童生徒にとって，どこが楽しく魅力があるのか，また，遠ざける要因は何か，どんな楽しみ方ができる運動かを明らかにする。

例）バレーボール

① 一般的特性

バレーボールは，ネットをはさんで相対し，身体を操作してボールの下点に入り，主に手や腕を用いて空いている場所に返球して得点を競い合う種目である。定位置に戻るなどの身体操作や狙った場所にパスをするボール操作によってラリーを続けながら，空いた場所をめぐる攻防を展開し，勝敗を競うことが楽しい種目である。

② 児童生徒から見た特性

バレーボールは，仲間とボールをつないでラリーを続けたり，相手コートの空いている場所へボールを落としたりするところに楽しさを感じることができる。また，仲間と声を掛け合って，助け合ったり励まし合ったりすることも楽しさの一つである。しかし，ボールを意図的に操作することが難しく，ラリーが続かなくなってしまうと，ボールをつなぐ楽しさや空いている場所をめぐる攻防の楽しさを十分に味わうことができなくなってしまう。さらに，ボールが当たる痛みに慣れるまで，多少の時間を要することも，楽しさを味わうことができなくなってしまうと考えられる種目である。

### c．児童生徒の実態

この種目（運動）にかかわる，学級の児童生徒の実態（知識及び技能，思考力・判断力・表現力，学びに向かう力・人間性等）を主に明らかにする。また，授業を計画するうえで必要な意識調査や生活習慣のアンケート結果等を示す。

### d．教師の指導観

「運動の特性」と「児童生徒の実態」を踏まえ，一人ひとりの児童生徒に運動の楽しさや喜びを味わわせるために，どこに重点を置き，どのように指導していこうとするのかを具体的に明らかにする。

例）中学校　陸上競技（長距離走）

①　知識及び技能

長距離走の技術の名称や行い方を確認しながら，自分に合った効率の良い走り方を身につけさせていく。そのために，正しい姿勢，腕振り，ピッチとスライド，そして安定したペースを中心にペース走や追い抜きなど，同程度の技能別にグルーピングを行い，授業を展開していく。長距離走は個人種目だが，グループでの活動を通して，苦しさやつらさを軽減させ，知識・技能の定着を図る。

②　思考力，判断力，表現力等

自己の課題に気づいたり，解決方法を選択したりできるよう，ICT 機器で動画撮影を行い，より良い走りをするためにはどうしたらよいか考えることができるようにしていく。また，自己やチームに合った課題解決のための方法を適切に選択できるようにするため，動画資料や掲示資料，学習カードを活用し話し合い活動の充実を図る。

③　学びに向かう力，人間性等

「つらい」「苦しい」「苦手」という意識を払拭するために，ペアやチームでの活動を中心に授業を展開していく。一人ひとりの違いを認めながら，チームで生徒が楽しく積極的に取り組めるよう，音楽等を利用し，リラックスして走れるように場の設定等を工夫していく。また，チーム内で役割分担を決め，生徒一人ひとりに責任感と参加意識を持たせ，励ましや称賛の言葉がけを増やし，互いに認め合える雰囲気をつくっていくことにより，全員が自己の伸びを実感し，学習に積極的に取り組めるようにする。

### e．単元の目標

単元の学習を通して，学習指導要領に示されている内容［知識及び技能］［思考力，判断力，表現力等］［学びに向かう力，人間性等］から児童生徒をどのように変容させるか，目指していることを箇条書きで示す。なお，文末は，「～できるようにする。」と表記する。

例）中学校　器械運動（跳び箱運動）

①　跳び箱運動の特性や成り立ち，技の名称や行い方，関連して高まる体力などを理解し，滑らかな基本的な技，条件を変えた技，発展技ができるようにする。［知識及び技能］

②　自己の課題を発見し，運動の取り組み方を工夫するとともに，考えたことを他者に伝えることができるようにする。［思考力，判断力，表現力等］

③　跳び箱運動の学習に積極的に取り組むとともに，よい演技を認めたり，健康・安全に気を配ったりすることができるようにする。［学びに向かう力，人間性等］

### f．単元の評価規準

国立教育政策研究所教育課程研究センター「学習評価の在り方ハンドブック」「『指導と評価の一体化』のための学習評価に関する参考資料〔小〕〔中〕〔高〕」

等を参考に，各学校で作成した単元の評価規準を示す（3 つの観点［知識・技能］［思考・判断・表現］［主体的に学習に取り組む態度］の「おおむね満足できる」状況を評価規準として示す）。

例）

| | 知識・技能 | 思考・判断・表現 | 主体的に学習に取り組む態度 |
|---|---|---|---|
| 単元の評価規準 | 知識<br>①　② | ①　② | ①　②　③　④ |
| | 技能<br>③　④ | | |

＊評価の観点ごとに，評価規準を丸付数字で箇条書きする。評価規準の内容は，学習指導要領解説保健体育編の内容に示されている「例示」の文末を次のように変えて作成する。

・知識：「～について，言ったり書き出したりしている。」
　　　　「～について，学習した具体例を挙げている。」
・技能：「～ができる。」
・思考・判断・表現：「～している。」
・主体的に学習に取り組む態度：「～しようとしている。」
　ただし，健康・安全に関する内容：「～している。」

## g．単元計画

① 領域の取り上げ方

例）中学校　球技

| 学年／運動 | バレーボール（ネット型） | ソフトテニス（ネット型） | バスケットボール（ゴール型） | サッカー（ゴール型） | ソフトボール（ベースボール型） |
|---|---|---|---|---|---|
| 第 1 学年 | 8 時間 | 8 時間 | − | − | 10 時間 |
| 第 2 学年 | 10 時間 | − | 7 時間 | 7 時間 | − |
| 第 3 学年 | 12 時間 | | 12 時間 | | 12 時間 |

＊第 1・2 学年ですべての型を必修。
＊第 3 学年は，「バレーボール」「ソフトテニス」から選択。「バスケットボール」「サッカー」から選択。「ソフトボール」は必修。

② 内容（運動種目）の取り上げ方

例）中学校　バレーボール

| 学年 | 教材 | 目指す動き |
|---|---|---|
| 1 | バレーボール | ・簡易的なゲームでラリーを続ける。<br>・基本的なボール操作とボールを持たないときの動きを身につける。 |
| 2 | バレーボール | ・仲間と連携したゲームでラリーを続ける。<br>・定位置に戻る等の動きによって空いた場所をめぐる攻防を展開する。 |
| 3 | バレーボール | ・ポジションの役割に応じたボール操作や仲間と連携する。<br>・一連の流れで攻撃を組み立てたり，考えたりする。 |

③ 指導と評価の計画（8時間扱い）　本時は○印　4/8

| 時間 | | 1 | 2 | 3 | 4 | 5 | 6 | 7 | 8 |
|---|---|---|---|---|---|---|---|---|---|
| ねらい | | ＊単元の明確なゴール像（目標や内容「何を学ぶのか」，資質・能力「何ができるようになるか」など）を明確にしたうえで，各時間のねらいを設定し，記入する。 | | | | | | | |
| 指導内容 | | ＊各時間のねらいに沿った指導内容や，単元のゴール像に向けて各時間で必要となる指導内容について記入する。 | | | | | | | |
| 学習過程 | 0分<br>50分 | オリエンテーション | 例）1　集合，挨拶，健康観察<br>2　前時の振り返り<br>3　準備運動<br>4　学習の場づくり，用具の準備<br>5　感覚づくりの運動<br>6　本時のねらいや学習内容等の確認<br>7　課題解決<br>8　成果の確認（記録会，発表会，ゲーム等）<br>9　自己評価，相互評価<br>10　片付け<br>11　集合，健康観察<br>12　整理運動<br>13　学習の振り返りとまとめ<br>14　次時の予告<br>15　挨拶，解散 | | | | | | |
| 評価計画 | 知・技 | | ①　② | ①　③ | | | | ② | ③ |
| | 思・判・表 | | | | | ① | ② | | |
| | 態 | ②　③ | | | ① | | | | ④ |

| 評価方法 | 観察 | 観察・カード | 観察 | 観察・カード | 観察・カード | 観察・カード | 観察・カード | 観察・カード |
|---|---|---|---|---|---|---|---|---|
| 評価場面 | 6, 7 | 7, 8, 9 | 5, 7, 8 | 7, 8 | 7, 9, 11 | 7, 9, 11 | 7, 8 | 7, 8, 11 |

＊評価計画の評価規準は,「f. 単元の評価規準」の丸付数字の番号を記す。また，評価する場面は，学習過程に示した番号を記す。

＊1単位時間の「学習評価の観点」は原則1つとし，適切に評価できるようにする。また，努力を要する状況の児童生徒に具体的手だてを講じるとともに，必要に応じて，単元終了時まで指導と評価を繰り返すことが大切である。

### h．本時の学習と指導

① 本時のねらい

単元の目標に即して，本時で児童生徒に身につけさせたいことを明確にし，どんな活動ができればよいか，学習の進展状況を踏まえて具体的に示す。文末は「～できるようにする。」と表記する。

文の後に付ける〈　〉は育成を目指す資質・能力の3つの柱から該当するものを表記する。

② 準備

本時に使用する教具，用具，資料等を示す。

③ 展開

導入から展開・整理へと，児童生徒の楽しさを追及する活動を中心に書く。その楽しさを「本時のねらいの達成」という確かなものにするために，教師が個人・グループやチーム・全体等に何を指導し，どのような点に留意していくかをより具体的に明確に示す。

| 段階 | 学習内容・活動 | 指導上の留意点（○指導，◆評価規準） |
|---|---|---|
| 導入（○分） | 例）<br>1　集合，挨拶，健康観察<br>2　前時の振り返り<br>3　準備運動<br>4　学習の場づくり，用具の準備<br><br>＊本時のねらい，活動の見通し，準備等を示す。 | ＊本時の学習を円滑に進めるための留意事項を具体的に示す。<br>・健康上注意を要する児童生徒の健康状態と指導上の留意事項<br>・準備運動で特に注意を要する運動とその行い方，配慮する児童生徒，学習集団等の特徴等 |

| | | |
|---|---|---|
| | ・前時の学習を振り返り，学習ノートの記述等から本時の学習の意欲付けを図る。 | |
| 展開（○分） | 例）<br>5　感覚づくりの運動<br>6　本時のねらいや学習内容等の確認<br>7　課題解決<br>8　成果の確認（記録会，発表会，ゲーム等）<br>9　自己評価，相互評価<br><br>＊児童生徒が，本時のねらいの達成のために，各自（グループやチーム）の課題の解決に向け，どのように学習活動を展開するのかを，図や絵等も入れ具体的に示す。 | ＊すべての児童生徒に指導する内容を明確にし，指導上の留意点を示す。<br>＊一人ひとりの児童生徒が，本時のねらいが達成できるように，教師の指導や助言，配慮することを具体的に示す。<br>・各自（グループやチーム）の課題のもたせ方，確認の仕方，解決の仕方，修正の仕方<br>・全員（グループやチーム，個人）に，気付かせ理解させること，指導すべきこと<br>・役割や活動の仕方について，各場面で指導するポイント<br>・活動中の個人，グループやチームに対する働きかけについての留意点<br>・技能のつまずきを予想し，それに対する指導のポイント<br><br>◆単元の評価規準［観点］<br>「7(3)単元計画」に基づき，「6 単元の評価規準」で示したものをそのまま記す。<br><br>指導と評価が一体となるように，<br>「△努力を要すると判断される状況(C)の児童生徒への指導の手立て」<br>「◎十分満足できると判断される状況(A)の児童生徒の具体的な姿」<br>を示し，評価を次の指導に生かす。 |
| 整理（○分） | 例）<br>10　片付け<br>11　集合，健康観察<br>12　整理運動<br>13　学習の振り返りとまとめ<br>14　次時の予告<br>15　挨拶，解散<br><br>＊各自の学習を振り返る。<br>・成果や課題，気づきを発表する。<br>＊本時の評価をもとに次時の学習への意欲に結び付くよう，教師が振り返りの評価をする。 | ＊本時の学習を振り返るにあたっての留意事項を具体的に示す。<br>・整理運動，用具を片付ける上での留意点<br>・健康観察で，怪我等の有無について確認<br>・本時のねらいに正対した振り返り，それを受けた評価の仕方，まとめ方についての要点<br>・本時の学習の成果と課題を踏まえ，次時の予告や今後の見通し |

### i．資料

本単元（本時）で使用する学習資料，学習カード等を添付する。

### ■参考文献

藤田主一（編著）（2000）基礎から学ぶ教育の方法と技術　樹村房
埼玉県教育委員会（2021）学校体育必携

**■監修者**

松浪健四郎（学校法人日本体育大学理事長）特講

**■編者**

齋藤　雅英（日本体育大学准教授）第 1 章・第 11 章・第 14 章

宇部　弘子（日本体育大学准教授）

市川優一郎（日本体育大学准教授）第 4 章

若尾　良徳（日本体育大学教授）

**■執筆者**（執筆順）

保髙　　智（日本体育大学非常勤講師）第 2 章・第 6 章

森澤　　清（日本体育大学非常勤講師）第 3 章・第 5 章

中里　竹男（日本体育大学・城西大学非常勤講師）第 7 章・第 15 章

三村　　覚（大阪産業大学教授）第 8 章・第 13 章

堀　　彩夏（日本体育大学期限付一般研究員）第 9 章

飯田　諒介（日本体育大学非常勤講師）第 10 章

小野　洋平（駒澤大学非常勤講師）第 12 章

# 教育の方法と技術

2024年2月29日　初版第1刷発行

監修者　松浪健四郎
編　者　齋藤雅英・宇部弘子
　　　　市川優一郎・若尾良徳
発行者　大塚栄一

検印廃止

発行所　株式会社 樹村房

〒112-0002
東京都文京区小石川5丁目11-7
電　話　03-3868-7321
FAX　03-6801-5202
振　替　00190-3-93169
https://www.jusonbo.co.jp/

組版／難波田見子
印刷／美研プリンティング株式会社
製本／有限会社愛千製本所



ISBN978-4-88367-393-3